Ach, du liebes Grün!

Zur Erinnerung,
an die gemeinsame Zeit
in der Reha Bad Bergzabern
im Sept. / Okt. 2015

Dein "Reha-Schatten"
Conny Dietz

WILLIAM GRAFFAM

Ach, du liebes Grün!

*Wie der Mann meiner Frau
zum Gärtner wurde*

KOSMOS

Alle Personen und Geschehnisse sind leider
nicht frei erfunden worden!

Inhalt

7   *Ach, wie schön!*

8   *Muss es ein Garten sein?!*

12   *Grund hinein!*

17   *Rasen(d) mähen*

25   *Erdbewegungen*

29   *Gemüseschwemme*

33   *Ein Teich muss sein!*

43   *Leichtbauweise*

53   *Gartenmöbel für alle*

58   *Von wegen gesund!*

61   *Feindesland*

69   *Kinder-Garten*

74   *Garten-Moden*

77   *Wir ziehen um!*

83   *Freie Platzwahl*

88   *Tief gebohrt*

95   *Himmlische Stille*

99   *Grüne Bilanz: Ach, wie schön?!*

Für alle, die Gärten hassen oder lieben, haben oder nicht haben, wollen oder nicht wollen.

Falsch!   »Willst du für ein Jahr glücklich sein, dann heirate!
Willst du für dein ganzes Leben glücklich sein,
dann pflanze einen Garten!«
Altes chinesisches Sprichwort

Falsch!   »Ein Garten ist die einzige Geliebte,
die niemals versagt und niemals verblüht.«
Beverley Nichols

Richtig!   »Willst du für dein ganzes Leben glücklich sein,
heirate eine gute Frau, die dir den Garten macht!«
William Graffam

*Meiner Frau Susanne gewidmet:
die einzige Geliebte, die niemals versagt
und niemals verblüht!*

Ach, wie schön!

Im ersten Buch der Bibel heißt es: Gott schuf einen Garten. Im letzten Buch der Bibel heißt es, dass diese Welt vergeht und dass Gott danach eine Stadt baut!

Warum und wieso statt eines Gartens eine Stadt? Diese Frage hat mich immer beschäftigt, bis ich im hohen Alter auch einen Garten anlegen musste – da habe ich diese Aussage der Bibel besser verstanden.

Nun meinen alle Leute, dass ein alter Pastor und ein schöner Garten zusammenpassen – und wenn sie mich im Garten arbeiten sehen, sagen sie: »Ach, wie schön! Der alte Mann und der Garten!«

Wenn aber meine Frau im ersten Stock draußen am Fenstersims steht und die Fenster putzt, sagt keiner, der vorbeigeht: »Ach, wie schön! Die alte Frau und das Fenster!« Nein! Da heißt es: »Welch schwere Arbeit! Hoffentlich passiert ihr nichts!«

Warum aber merken sie nicht, dass vielleicht ich genauso ungern im Garten grabe und jäte, wie meine Frau die Fenster putzt oder die Teppiche klopft? Wissen sie nicht, dass die Gartenarbeit sehr schwer, sehr teuer und sehr gefährlich sein kann? Anscheinend nicht!

Und weil sie es nicht wissen, schreibe ich dieses Buch, damit ich und andere Leidensgenossen endlich das Mitleid bekommen, das uns gebührt!

William Graffam

Muss es ein Garten sein?!

Seit Jahrtausenden streiten die Theologen darüber, ob alles von Gott vorbestimmt ist oder nicht. Ob Gott es vorbestimmt hat, dass ich das Ende meines Lebens als Pfarrer auf dem Land verbringen soll, weiß ich nicht. Ich weiß nur, dass meine Frau es vorbestimmt hat. Denn schon als kleines Mädchen soll sie gesagt haben: »Wenn ich groß bin, heirate ich einen Pastor, wir werden sieben Kinder haben und auf dem Land wohnen.«

Sie ist groß geworden, hat einen Pastor (MICH!) geheiratet, wir haben sieben Kinder bekommen, und so blieb mir nichts anderes übrig, als mit ihr aufs Land zu ziehen.

Einige von der Kirchenleitung haben den Kopf geschüttelt. Denn der Ort, wohin ich mich bewarb, galt als traditionelles und konservatives Bauerndorf, wo die Leute bis vor kurzem noch Trachten trugen und Platt sprachen. »Da passen Sie als Stadtmensch doch gar nicht hin!«, sagten sie.

Mit meiner Gemeinde hatte ich keine Plagen – jedoch mit dem

Land – sprich Garten – und allem, was dazugehört, denn ich war im Grunde tatsächlich ein Stadtmensch, der wohl gerne im Garten speiste und rauchte, aber nicht darin grub und jätete. Anscheinend war mein junger Vorgänger mir in diesem Punkt sehr ähnlich gewesen, der war aus Berlin gekommen und hatte gar nichts im Garten gemacht.

»Wir müssen viel daran arbeiten, bis wir wieder Grund hineinbekommen«, sagte meine Frau – aber leider erst, nachdem wir die Pfarrstelle angenommen hatten. Was mich an ihrer Äußerung so sehr störte, war das »**Wir** müssen« – denn **wir** bedeutete auch ich! Unser 14-jähriger Sohn, das einzige Kind, das noch zu Hause war, fand es »Scheiße«, dass er so weit weg von der Großstadt, seinen alten Freunden und den Diskotheken und Kinos aufs »Land« ziehen sollte, und lehnte es deshalb grundsätzlich ab, wie alle Teenager, irgendwelche Gartenarbeit zu machen. »Genau so war es mit meinem Bruder«, sagte meine gute Frau mir zum Trost – als ob mich das trösten könnte!

Zum Glück zogen wir erst im Spätherbst aufs »Land«, und so war nichts mehr im Garten zu machen. Der Schnee bedeckte alles mit einem weißen Zuckerüberguss – aber leider auch die Wege zwischen Kirche und Pfarrhaus. Da aber hatte der liebe Gott mir eine treue Kirchenvögtin mit starken Armen und gutem Willen zugedacht, die die Wege freischaufelte, denn im Erdgeschoss des Pfarrhauses waren die Gemeinderäume, und so gehörten die Wege zur Kirche und damit zu ihrem Aufgabenbereich.

Nur war meine gute Frau der Meinung, dass es nicht mit anzusehen wäre, wenn zwei gestandene Mannsbilder zuschauten, wie sich die »arme Kirchenvögtin« mit den schweren Schneemassen abplagte, zumal wir auch ins Haus mussten. Also musste ich ab und zu doch die Schaufel in die Hand nehmen, um den Hausfrieden zu wahren. Der Sohn hatte dazu keine Zeit, denn inzwischen hatte er so viele Freunde im Dorf gefunden und sich in so viele Vereine einschreiben lassen, dass er kaum Zeit für Schulaufgaben, geschweige denn für Schneeschaufeln hatte.

Dann kam doch endlich der Frühling. Der Schnee schmolz dahin und mit ihm meine Hoffnung, dass meine gute Frau mit dem »wir« nur von sich als majestätischem Plural gesprochen hatte. Als »Gebetserhörung« betrachtete ich die Entscheidung der Kirchenregierung, dass ich mit nur einer Dorfgemeinde von 1600 Seelen längst nicht ausgelastet wäre, und mir auch das Nachbardorf zugeordnet wurde. An zwei Tagen der Woche musste ich mich dort aufhalten, und dort gab es nur einen großen Raum hinter dem Pfarrhaus, der vom Kinderspielkreis als Spielplatz benutzt und infolgedessen vom dortigen Kirchenvogt gepflegt wurde.

»Dienstags und donnerstags kann ich dir nicht helfen«, sagte ich meiner guten Frau. Aber der liebe Gott ließ es öfter dienstags und donnerstags regnen, so dass meine gute Frau nur an den übrigen sonnigen Tagen alle Gartenarbeiten erledigen konnte.

Ich suchte nach Ausreden wie: »Heute muss ich unbedingt die Kirchenbücher fertig machen!« oder »Die alte Frau nebenan besuchen!« Aber als ich aus dem Fenster schaute und meine gute Frau mit Spaten und Hacke in den Garten gehen sah, meldete sich doch mein Gewissen, und so beschloss ich, die Angelegenheit theologisch zu klären. Aber leider versteht meine Frau auch etwas von der Theologie. So verlor ich die Debatte.

»Wollen wir uns nicht entschließen«, argumentierte ich, »nur im Vorgarten Blumen zu pflanzen und Obst- und Ziergärten hinter dem Hause nur als Wiese, wie der liebe Gott sie geschaffen hat, zu belassen?«

»Lieber Bill«, sagte meine gute Frau, »der liebe Gott hat Adam und Eva in einen Garten gesetzt und ihnen den Auftrag gegeben, ihn zu bebauen und zu pflegen. Also müssen wir das auch tun! Abgesehen davon sagt ein chinesisches Sprichwort: »Willst du für ein Jahr glücklich sein, heirate! Willst du für dein ganzes Leben glücklich sein, dann pflanze einen Garten!«

»Wir sind aber, liebe Frau, schon über 30 Jahre glücklich verheiratet, ohne Garten. Also, die Chinesen hatten doch nicht recht. Abgesehen davon steht nichts von einem Garten am Ende der Bibel. Am Ende der Welt wird es keinen Garten, sondern die Heilige Stadt Jerusalem geben!«

»Gut, lieber Bill, aber bis zum Ende der Welt brauchen alte Leute wie du und ich Bewegung und frische Luft!«, sagte sie. »Und darum wäre Gartenarbeit genau das Richtige für dich – jeden Tag ein bisschen.«

»Aber ich verstehe nichts von Gartenarbeit.«

»Willst du damit sagen, dass du zu alt zum Lernen bist?«

»Ich beschäftige mich täglich mit allerlei Problemen und lerne dazu.«

»Aber mit Gottes Schöpfung gar nicht, und gerade das sollte ein Pastor!«

»Ja, am Schreibtisch!«

»Nein, mit einer Hacke in der Hand am Blumenbeet«, sagte sie, drückte mir die Hacke in die Hand und ging mit dem Spaten in den Garten. Somit war die Diskussion zu Ende.

Grund hinein!

Die Winterzeit war vorbei, die Gartenzeit war gekommen. »Wir müssen Grund in den Garten bekommen!«, sagte meine gute Frau. »Was heißt das?«, fragte ich, »wir haben hier Grund und Boden!«
»Das heißt, dass wir zunächst durch das Grundstück gehen, schauen, was es hier schon für Pflanzen und Bäume gibt, und dann alles umgraben und jäten, damit die schönen Pflanzen wachsen können und das Unkraut nicht mehr die Oberhand hat. Wenn das geschehen ist, ist die halbe Arbeit getan. Dann bekommen wir Grund in den Garten.«

Ich nickte und ging gehorsam hinter ihr her.
»Dies ist der Obstgarten, und hier sind sechs Apfelbäume, zwei Birnbäume, zwei Kirschbäume und zwei Pflaumenbäume. Sehr schön angelegt.«

Ich sah nur ein Dutzend kahle Bäume. »Woher weißt du, welche Bäume das sind?«, fragte ich. »Es hängt kein Obst dran.«
»Das sieht man an der Gestalt des Baumes, am Stamm, lieber Bill.

Natürlich wissen wir noch nicht, was für Obst sie tragen. Hoffentlich sind auch Winteräpfel dabei.«

»Das glaube ich nicht. Als wir im Winter hierherzogen, hingen keine Äpfel daran.«

»Winteräpfel wachsen im Sommer.«

»Und warum heißen sie Winteräpfel?«

Meine Frau schüttelte den Kopf. »Weil man sie überwintern kann. Du verstehst viel von der Theologie, aber gar nichts von Gärten, mein lieber Bill.«

»Eben!«, sagte ich, »und deswegen will ich in meinem Büro sitzen und arbeiten und dir den Garten überlassen.«

»Nein, du brauchst die Gartenarbeit mehr als ich. Du bist den ganzen Tag in geschlossenen Räumen und rauchst deine Zigaretten und wirst jeden Tag blasser.«

»Ich kann im Sommer im Gras liegen und mich bräunen.«

»Davon kriegst du Rheuma und Lungenentzündung! Schau, du brauchst eine körperliche Betätigung. Du brauchst Bewegung. Und Gartenarbeit ist vom lieben Gott dafür geschaffen worden. Gott pflanzte einen Garten und setzte den Mensch hinein, dass er ihn baute und bewahrte. Und das ist genau das, was wir machen wollen – den Garten bauen und bewahren – Grund hineinbekommen.«

Ich gab mich geschlagen und folgte ihr stillschweigend in den Ziergarten unmittelbar hinter dem Pfarrhaus.

»Hier gibt es viel zu tun!«, sagte sie, blieb überall stehen und gab immer wieder Schreie des Entzückens oder Entsetzens von sich. »Guck mal, hier sind Phlox und Goldrute und Spiersträucher! Und das, glaube ich, sind Pfingstrosen! Aber schau diesen scheußlichen Huflattich und dieses Klebkraut an! Die müssen weg! Fangen wir gleich an!«

»Aber wenn ich statt des Huflattichs oder des Klebkrauts den Phlox oder die Pfingstrosen ausrupfe?!«

»Dann reiß lieber die Brennnesseln aus. Hier hast du Handschuhe.«

Ich rupfte und rupfte, bis meine Beine von den vielen Kniebeugen wabbelig wurden. Da beschloss ich, eine Zigarette zu rauchen. Aber es war schwer, mit Handschuhen eine aus der Packung zu ziehen. Ich zog die Handschuhe aus und warf sie weg, und nachdem ich die Zigarette geraucht hatte, ging ich ohne Handschuhe an die Brennnesseln.

Nach fünf Minuten waren meine Hände und Arme voll roter Blasen und fingen fürchterlich an zu brennen.

»Was hast du bloß gemacht! Wo sind deine Handschuhe?«

»Da im Gras.«

»Sie heißen Brennnesseln, weil sie brennen. Darum habe ich dir doch die Handschuhe gegeben! Nun, Erfahrung ist die Summe negativer Erlebnisse«, sagte sie, »und so bist du nun um eine Erfahrung reicher geworden.«

»Das sind Teufelspflanzen!«, sagte ich.

»Gar nicht! Brennnesseln sind Heilkräuter. Man macht Tee daraus, und der ist sehr gut gegen Rheuma. Aber lass den Rest Brennnesseln stehen und hol mir lieber ein paar Eimer Kuhmist von unserer Nachbarin.«

»Und was tue ich gegen dieses Brennen?«

»Dagegen kann man leider gar nichts machen. Nach ein paar Stunden hört das Brennen auf.« Und sie gab mir einen Kuss, einige Streicheleinheiten und einen Eimer für den Kuhmist.

Die Nachbarin fand es wunderbar, dass das neue Pfarrerehepaar so viel Freude an dem Garten hatte und so viel Zeit für ihn opfern wollte, und versprach uns so viel Kuhmist, wie wir nur haben wollten.

Ich schleppte einen Eimer nach dem anderen herbei, und immer wieder äußerte die Nachbarin ihr Staunen, dass wir uns so viel Zeit für den Garten nahmen.

»Da hast du es«, sagte ich zu meiner Frau. »Arbeitet der Pastor im

Garten, sagen die Leute: Er sollte sich mehr Zeit für die Gemeinde nehmen.«

»Ja«, sagte meine Frau, »und nimmt er sich viel Zeit für die Gemeinde, sagen sie: Er lässt den schönen Pfarrgarten verkommen! Wir müssen tun und lassen, was wir für richtig halten.«

Ich wollte fragen: »Halten **wir** dies für richtig?!« Aber ich sagte lieber nichts, denn wie es immer wieder heißt:

»Gott nahm den Menschen und setzte ihn in den Garten, dass er ihn baute und bewahrte.« 1. Mose 2, 15

Während ich diese theologischen Gedanken wälzte, fasste meine Frau den Kuhmist an, als wäre es Kuchenteig und verteilte ihn gleichmäßig über die Blumenbeete. »Später müssen wir Tomaten pflanzen, und wenn wir viel Kuhmist darauf tun, wachsen sie und schmecken ganz würzig.«

Da rebellierte ich. »Zuerst lässt du mich Hände und Arme verbrennen und dann willst du mich zwingen, Mist zu essen!«

»Du bist ein hoffnungsloser Stadtmensch, aber wir machen bald einen guten Gärtner aus dir.« Da merkte meine Frau, unter welchen körperlichen und seelischen Schmerzen ich litt, nahm mich mit ins Haus, kochte uns einen schönen Kaffee, schmierte Hautcreme auf meine Hände (was mir das Kaffeetrinken sehr erschwerte) und gab mir viele Streicheleinheiten.

Als wir abends im Bett lagen, sagte sie: »Ich habe gelesen, dass die Brennnessel die einzige Pflanze ist, die radioaktive Strahlungen überlebt.«

»Aber ob wir die Brennnesseln überleben?«

»Tun sie noch sehr weh?«

»Nicht mehr, aber können wir das Schlafzimmerfenster schließen?«

»Warum – frierst du?«

»Nein – aber du hast so viel Kuhmist auf das Beet unter unserem Schlafzimmerfenster getan, und es stinkt fürchterlich!«

»So riecht Landluft, und bald wirst du dich daran gewöhnen – wie ich mich an den Geruch deiner Zigaretten gewöhnt habe.«

Es fing an zu regnen. »Nach dem Wetterbericht soll es zwei Tage regnen. Gut, dass wir heute so viel im Garten gemacht haben – denn morgen und übermorgen können wir erstmal nichts mehr tun.«

Mit diesem tröstlichen Gedanken und einem Dankgebet an den lieben Gott, dass er mir diese zweitägige Gnadenfrist schenken wollte, schlief ich trotz Brennnesseln und Kuhmistgestank ein.

Rasen(d) mähen

»Ich glaube«, sagte meine Frau, »dass es gut wäre, wenn wir die Gartenarbeit aufteilen. Jeder soll sein Gebiet haben. Ich werde die Verantwortung für die Blumen- und Gemüsebeete übernehmen – und du übernimmst den Rasen.«

»Was heißt übernehmen?«, fragte ich ängstlich.

»Nur ihn mähen.«

Gerade das hatte ich befürchtet – und so erzählte ich ihr sofort von den wunderschönen Feldwiesen auf der letzten Blumengartenschau. »Da haben sie einige Säcke voll Mohn- und Kornblumensamen auf den Rasen gestreut und dann einfach alles hochwachsen lassen. Du fandest das auch so schön«, sagte ich.

»Ja«, sagte meine Frau, »aber wir wollen Gartenmöbel darauf stellen und Grillpartys haben, und die Enkelkinder sollen darauf spielen. In so einem Kornblumenfeld geht das alles nicht.«

»Die Kirchengemeinde besitzt einen großen Rasenmäher, der Ihnen selbstverständlich zur Verfügung steht«, wurde mir zum Trost gesagt.

Als Kind hatte ich einmal bei einem Onkel Rasen gemäht – allerdings gab es damals noch keine motorgetriebenen Rasenmäher. Eine Gebrauchsanweisung zu dem Rasenmäher der Kirchengemeinde gab es nicht, aber ich sah, dass der Motor durch einen Seilzug, wie beim Motorboot, in Gang zu bringen war, und so meinte ich, damit umgehen zu können. Ich zog und zog, bis meine Schulter ausgerenkt war – aber das Biest sprang nicht an.

»Schau nach, ob Benzin drin ist«, sagte meine gute Frau, »aber nimm erst die Zigarette aus dem Mund, sonst fliegst du in die Luft!«

Ich drückte die Zigarette aus und schaute in den leeren Tank.

»Ein leerer Kanister steht in der Garage«, sagte sie und ging in ihre Blumenbeete.

Der Kanister war in der Garage, aber mein Auto nicht. Als Vater von sieben Kindern – fast alle mit Führerschein – brauchte ich viele Autos! Also brachte ich den Kanister zu Fuß zur Tankstelle.

Dort angelangt, bat ich den Tankwart, den Kanister zu füllen.

»Super, Normal oder Diesel, Herr Pastor?«

»Ich weiß nicht, was man für einen Rasenmäher nimmt.«

»Da brauchen Sie ein Gemisch. Welches Gemisch braucht Ihr Rasenmäher?« Ich wusste es nicht. »Es steht auf dem Tankdeckel«, sagte der Tankwart und wandte sich dem nächsten Kunden zu.

Ich lief zurück zum Pfarrgarten und schaute auf den Tankdeckel. Der eigentliche Deckel war aber längst verloren gegangen und durch einen weißen Plastikdeckel, auf dem nur »Senf« stand, ersetzt worden.

»Wie viel Senf soll man hineintun?«, fragte ich den Tankwart.

Er lachte nicht, schüttelte den Kopf und sagte: »Ja, wenn Sie den Deckel nicht mehr haben, ist es schwer zu entscheiden, was ich Ihnen geben soll, Herr Pastor. Wissen Sie, jeder Motor hat ein anderes Gemisch. Zum Beispiel der Mäher von der Kirchengemeinde hat …«

»Es ist der Rasenmäher von der Kirchengemeinde.«

»Ach ja, das hätte ich mir denken können.«

»Ja, das hätte er«, dachte ich, bezahlte und schleppte den schweren Kanister durch das Dorf, wobei ich ihn alle hundert Meter absetzen musste. Kurz vor dem Pfarrhaus überholte mich ein Gemeindemitglied mit seinem Auto und fuhr mich die letzten hundert Meter nach Hause.

Nachdem ich einige Liter Benzingemisch neben und über den Rasenmäher gegossen hatte, gab mir meine Frau den Trichter, der daneben lag. »Nimm dies, so geht es besser!«

Als das Biest vollgetankt war, zog ich an dem Seil, aber nichts passierte. Verzweifelt ging ich Zigaretten holen. Bis ich wieder im Garten war, hatte meine Frau den Motor schon in Gang gebracht.

»Du hättest ein bisschen warten müssen, bis das Benzin durch die Leitung geflossen ist. Ich habe nur daran geschüttelt, und dann lief der Motor.«

Ich fing an zu mähen. Das Biest war verdammt schwer. Nach zweihundert Quadratmetern schieben und fluchen schlug mein Herz lauter als der Motor.

»Warum schieben Sie den Rasenmäher?«, fragte die Kirchenvögtin, die gerade vom Blumenschmücken in der Kirche kam.

»Soll ich ihn von Meter zu Meter schleppen?«

»Nein, drücken Sie nur diesen Bügel hier hinunter – dann läuft er von selber.«

Ich tat es, und das Biest sauste davon, bis es gegen einen Apfelbaum prallte.

»Ich zeige Ihnen, wie das geht«, sagte sie, und mit einer Eleganz und

Leichtigkeit, die nur Frauen zur Verfügung stehen, mähte sie schnell einen Korb voll Gras und ging nach Hause.

»Wo hast du das Gras hingetan?«, fragte mich meine Frau.

»Da, in die Mülltonne.«

»Nein, das abgeschnittene Gras kommt auf unseren Komposthaufen dort in der Ecke am Ende des Gartens.«

Ich schleppte den schweren Korb voll Gras und danach die Mülltonne zum Kompost, leerte sie aus und tat so, als hätte ich eine kleine Herzattacke. Aber meine Frau war bereits beim »Wühlen« im Ziergarten, und so hatte das Krankspielen keinen Sinn. Ich setzte mich hin und zündete eine Zigarette an.

Da kam der Sohn mit meinem Auto zurück.

»Hoffentlich hast du es nicht gerade gebraucht, Vater.«

»Jetzt gerade nicht, aber vor zwei Stunden schon.«

»Tut mir leid. Ich brauche das Auto aber noch. Es hat kaum noch Benzin. Soll ich für dich tanken?«

»Wenn du den Rest Rasen hier mähst, kannst du volltanken und das Auto haben«, sagte ich.

Er willigte ein und hatte erst fünfzig Quadratmeter Rasen fertig gemäht, als meine Frau ankam, um mir zu sagen, dass der Kaffee fertig sei. »Ach, wie nett von dir«, sagte sie zu unserem Sohn, »dem Vater zu helfen. Hast du nicht auch Lust und Zeit, mit uns in unserem schönen Garten Kaffee zu trinken?«

»Ja«, sagte er, »aber dann habe ich keine Zeit mehr zu mähen.«

Also mähte ich nach dem Kaffeetrinken weiter.

Theoretisch hat meine gute Frau recht. Fünfhundert Quadratmeter sind nicht zu viel zu mähen. Aber sie hatte überall Hindernisse – Blumenbeete, Büsche, Gartenmöbel und Vogelbecken – darauf verteilt: Ich kam mir vor wie Ben Hur beim Wagenrennen im Kolosseum. Mit viel Pferdestärke sauste der Rasenmäher vor mir her, und bei jeder Kurve streifte ich hier ein Blumenbeet und nahm da ein paar Blumen mit. Immer wieder musste ich ihn anhalten, um die Möbel hin und her zu schieben, und während ich dies machte, ist er einmal von selber losgefahren und hat einen Rosenbusch bis auf den Boden glatt abgesägt.

Dabei fiel mir eine mögliche moderne Übersetzung des 103. Psalmes ein:

»Ein Mensch ist in seinem Leben wie Gras, er blühet wie eine Blume auf dem Felde, wenn der Rasenmäher darüber fähret, so ist sie nimmer da, und ihre Stätte kennet sie nicht mehr.«

Aber meine Frau kannte die Stätte noch und machte ein trauriges Gesicht. »Arme Rose – armer Mann«, sagte sie.

Ja, ich war mit dem Rasenmähen wirklich arm dran. Kaum eine Woche Regen und Sonne waren vergangen, da war das Gras wieder mähreif.

»Zu dieser Jahreszeit muss man öfter mähen«, meinte meine Frau. »Und weißt du, wenn man das Gras öfter mäht, hat man weniger Arbeit.«

Diese Frauen-Logik habe ich nicht ganz begriffen.

Ich brauchte Hilfe und beschloss, sie mir durch List oder Geld zu beschaffen. Da kam eine Tochter vorbei, die als Krankenschwester arbeitete.

»Hättest du nicht Lust, deinen kranken Vater zu pflegen?«

»Bist du krank?«

Ich nickte, denn allein der Anblick des hohen Grases und des Rasenmähers machte mich krank. »Wenn du vielleicht heute den Rasen mähen könntest.«

»Ja, ich helfe dir gerne.« Sie warf das Biest an und zog hinter ihm her. Bei dem Kompostbeet, leerte sie den Korb aus und geriet dabei mit einem Finger in den Motor. Es gab ein großes Geschrei und viel Blut. Ich musste sie schnell zum Krankenhaus fahren, wo der Finger genäht wurde. Sie wurde drei Wochen krankgeschrieben und durfte nicht mehr mähen. Ich aber!

Nach einer Woche Sonne und Regen war das Gras wieder zu hoch, und der Krabbelkreis wollte einen Grillabend in unserem Obstgarten machen.

»Das Gras ist ziemlich hoch«, sagte ich listig, »aber ich muss heute meine Predigt machen und habe keine Zeit, ihn zu mähen.«

»Das macht mein Mann gerne«, sagte eine junge Mutter. Und so verzog ich mich in mein Büro, zündete eine Zigarette an und arbeitete an dem Text für den zweiten Sonntag nach Trinitatis. Da hörte ich plötzlich ein Schmerzgeschrei aus dem Garten: Am zweiten Trinitatis-Samstag war der zweite Finger in den Rasenmäher gekommen. Ich fuhr den Mann zum Krankenhaus, mähte anschließend den Rasen und schrieb nachher meine Predigt oben im zweiten Stock, bei geschlossenem Fenster weit entfernt von der lauten Musik und dem Geschrei der Krabbelkreis-Griller.

Nach einer Woche Sonne und Regen war das Gras wieder zu hoch.

»Ihr Vorgänger hat die Konfirmanden immer zur Gartenarbeit herangezogen«, sagte mir die Kirchenvögtin. »Schließlich benutzt die Gemeinde den Garten auch.«

Diese Idee fand ich wunderbar und verpflichtete einen 13-Jährigen, der aussah wie ein 23-Jähriger, mit diesem »diakonischen Auftrag«. Dafür brauchte er den 23. Psalm (Psalm vom guten Hirten) nicht auswendig zu lernen und bekam dafür 9 Euro die Stunde als »Gefahrenzulage«.

Nachdem ich ihn auf die Gefahren aufmerksam gemacht und ermahnt hatte, nicht zu hastig voranzugehen, überließ ich ihn seinem

Schicksal. Diesmal kam kein Finger in den Mäher. Der Bursche ging sehr vorsichtig und langsam mit dem Biest um. Etwas zu langsam, meinte ich – denn er brauchte vier Stunden (die eingelegten Pausen wurden voll bezahlt). Als ich ihm die 36 Euro in die Hand drückte, war mir klar, dass mich dies viel zu teuer kommen würde.

»Das wären ja 144 Euro im Monat«, sagte meine Frau. »Wenn du mit dem Rauchen aufhören würdest …«

Ich ließ sie nicht zu Ende reden. »Kinderarbeit ist nicht erlaubt. Ich darf kein Kind um so was bitten«, sagte ich. Aber meine Frau wusste, dass ich nicht an die Kinder, sondern an meine Zigaretten dachte.

Nach einer Woche Sonne und Regen war das Gras wieder zu hoch. Da kam Hilfe von einer Seite, von der ich sie gar nicht erwartet hatte.

»Die Sonne scheint so hell heute, Vater. Ich will schön braun werden und kann dabei für dich den Rasen mähen«, sagte eine Tochter, die am Wochenende von der Uni nach Hause gekommen war.

Hocherfreut erklärte ich ihr, was sie nicht tun dürfe, damit ihre Finger nicht in die Schneidemesser kämen, und setzte mich mit einer Zigarette hin, um den längst überfälligen Jahresbericht zu schreiben.

Da kam meine Frau aufgeregt ins Büro. »Das geht nicht, Bill!«

»Was geht nicht?«

»Schau aus dem Fenster!«

Ich schaute hinaus. Da lief die Tochter im Tanga hinter dem Rasenmäher her und wurde von einigen älteren Herren und Damen bewundernd und kritisch betrachtet.

So nahm sie kurz darauf ihr Sonnenbad hinter dem Fliederbusch im Hintergarten, und ich mähte.

Erst nach zwei Wochen Sonne und Regen war das Gras wieder zu hoch. Meine Frau hatte recht, das Gras wuchs inzwischen langsamer.

Da kam ein Obdachloser an die Tür – einer von vielen, denn alle bekommen Brote und Kaffee und Knöpfe von meiner Frau angenäht, und darüber hinaus Geld von mir.

»Haben Sie nicht etwas Gartenarbeit für mich?«, fragte der Mann. »Ich will nichts geschenkt haben.«

Ich umarmte ihn und erklärte ihm den Rasenmäher. Kurz danach kam mein Nachbar vorbei und bat mich einen Moment an den Zaun zu kommen. »Lassen Sie so einen Mann nicht für Sie schwarzarbeiten, Herr Pastor. Nachher steckt er seine Finger in den Mäher und verklagt Sie. Sie müssen die Krankenkassenkosten bezahlen, ihm Schmerzensgeld geben, und darüber hinaus werden Sie bestraft. Ich habe von so einem Fall in der Zeitung gelesen.«

So kam mein freiwilliger Helfer in den Ziergarten, wo meine Frau ihn mit Speis und Trank erfreute. Rasen(d) mähte ich.

Mittlerweile sind einige Jahre vergangen, und ich bin ein Experte im Rasenmähen geworden. Meine Familie steht dabei und klatscht, wenn ich wie ein römischer Wagenlenker im Ziergarten zwischen den Gartenmöbeln, rund um die Blumenbeete und unter den Büschen schnell das Gras vernichte.

»Du kommst in das Guinness-Buch der Rekorde!«, sagen sie, aber ich denke oft, sie sagen das nur, damit ich nie auf den Gedanken komme, sie darum zu bitten.

Erdbewegungen

»Es ist sehr viel Rasen im Garten«, meinte meine Frau.

»Ja«, sagte ich zu ihr, »viel zu viel! Sollten wir nicht lieber alles betonieren?«

Sie hörte nicht hin, sondern sagte: »Wir müssen noch einige Blumen und Büsche und Bäume pflanzen. Aber dafür brauchen wir Erde.«

»Unterm Rasen liegt Erde – der ganze Garten besteht aus Erde!«

»Ach, lieber Bill, wir brauchen Erde, in der Blumen und Gemüse gut wachsen können – etwas Torf und Humus, Blumenerde und so was. Darf ich was kaufen?«

»Es ist unser Geld«, sagte ich. »Kauf, was wir brauchen! Ist Erde teuer?« Darauf bekam ich keine Antwort, aber als ich eines späten Nachmittags von einem Besuch kam, wurde ich gewahr, dass ein großer Lastwagen und ein ebenso großer Mann vor dem Pfarrhaus standen.

»Ach, da kommt mein Mann ja«, sagte meine Frau.

»Ich brauche 100 Euro«, sagte er mir.

»Wer nicht?«, sagte ich. »Was ist Ihr Problem?«

»Er hat uns Torf und Humus gebracht«, sagte meine gute Frau, und da sah ich die Riesen-Plastiksäcke neben ihr stehen.

»100 Euro«, dachte ich. Damals bekam man dafür drei Stangen Zigaretten oder vier Flaschen Whisky – und nun mussten wir das Geld für einen Haufen Dreck ausgeben, obgleich der Garten voller Erde war!

Also, ich bezahlte. Aber meine Frau und ich mussten die schweren Säcke alleine in die Garage schleppen, denn der große Mann hatte einen kaputten Rücken und gleich Feierabend.

»Warum können wir sie nicht hier stehen lassen?«, fragte ich meine Frau. Aber sie meinte, jemand könnte sie stehlen oder es könnte darauf regnen, was ich überhaupt nicht begriff. Denn wer stiehlt einen Sack voll Dreck, und seit wann kann Erde keinen Regen vertragen?

Gleich am nächsten Tag fing meine Frau mit dem Umgraben an.

»Sollen wir nicht den Nachbarjungen bitten, mit seinem Trecker alles umzupflügen?«, fragte ich. »Dann brauchst du nicht zu graben. Ich meine, er hat es schließlich auf unsere Tochter abgesehen und ist uns was schuldig …«

»Wir graben doch nicht alles um, nur ein bisschen hier für Rosen, hier für Sträucher, hier für Obstbäume, hier für Erdbeeren …«

»Und wo für Tabak?«

Meine Frau hörte nicht hin, wenn ich so redete, sondern ging mit dem Spaten los. Abends, als wir im Bett lagen und ich ihr gerade erzählen wollte, was ich für Ärger mit dem Kirchenamt hatte, las meine Frau mir Folgendes aus einer Gartenzeitschrift vor: »*Die Bodenart Ihres Gartens ist nicht ganz unbedeutend für die Gestaltung, da einige Pflanzen bevorzugt auf bestimmten Böden wachsen. Es empfiehlt sich deshalb, bei der Wahl der Pflanzen die Bodenart Ihres Gartens zu beachten …*«

»Was bedeutet das?«, fragte ich.

»Dass Rosen nicht unbedingt dort wachsen, wo Heidekraut gedeiht. Dass Rhododendren keinen Kalk vertragen. Ich fürchte, wir müssen Bodenproben machen.«

In den nächsten Tagen wurden viele Nachbarn und Bücher zu Rate gezogen. Bodenproben wurden aus den verschiedensten Ecken des Gartens genommen und mit teuren Bodenanalyse-Chemikalien untersucht. »Hier ist der Boden zu sandig, da viel zu kalkig und dort sehr schwerer Lehmboden. Hier wächst dies nicht, da das nicht. Hier brauchen wir mehr Torf – hier mehr Humus – hier mehr Kalk – hier gar keinen Kalk – hier ist der Boden zu sandig – da brauchen wir mehr Sand!«

Daraus habe ich folgende Erkenntnis gezogen: Der liebe Gott hat für jeden Boden – ob Ton, Sand, Humus, Kalk, feucht, trocken, rot, schwarz, hellbraun usw. – eine Pflanze geschaffen. Und dort lässt er sie auch wachsen, eben da, wo gerade der Erdboden ist, in dem sie bevorzugt wachsen kann. Gott bringt also vernünftigerweise die Pflanze zum Erdboden. Wir sollen es aber umgekehrt machen, nämlich die Erde zur Pflanze bringen – was viel schwieriger ist.

Statt die zarten Pflänzchen dahin zu bringen, wo die passende Erde bereits lag, schubsten wir die Erde von Ecke zu Ecke, bewegten sie zentnerweise. Anscheinend war aber überhaupt kein passender Boden im ganzen Garten, denn überall musste neue Erde hin.

Auf meiner Einkaufsliste stand also »Hackfleisch, Butter, Spaghetti, ein Sack Blumenerde«. Früher hatte ich meiner Frau zur Freude einen Blumenstrauß oder eine Schachtel Pralinen mitgebracht. Nun brach sie in Ekstase aus, wenn ich ihr einen Sack Erde vor die Füße legte! Ein Nachbar von uns hatte seiner Frau sogar gleich eine ganze Tonne Erde bestellt – was ihn eine Stange Geld kostete, ihm aber höchstes Lob und Bewunderung einbrachte.

»Man kann Erde selber machen, aber das dauert zu lange«, offenbarte mir eines Tages meine Frau.

»Wie lange?«

»Zwei bis drei Jahre!«

»Gott hat die Erde in sechs Tagen geschaffen«, dachte ich. »Also werden wir sicherlich viel mehr Zeit brauchen.«

Aber die Nachbarn machten es, und so mussten wir es auch: Wir bauten ein Kompostgestell und karrten bei Wind und Schnee und Regen die Essensabfälle dahin, wo sie verfaulen und stinken konnten.

Ein anderer Nachbar schaffte sich eine Tonne mit 5000 Würmern an. »Sie schaffen das Kompostieren viel schneller!«, behauptete er.

Ach, ich armer Wurm! Wenn ich 4999 dazu hätte, kämen wir auch schneller zu unserer neuen Erde. Aber als es endlich – nach zwei Jahren – so weit war, da fing die Arbeit erst recht an! Denn die neue Komposterde musste durchsiebt, auf Schubkarren geladen und überall im Garten dahin gefahren werden, wo sie gebraucht wurde. »Können deine Würmer auch Schubkarren fahren?«, fragte ich meinen Nachbarn. Aber er fand das nicht witzig, denn er musste noch sechs Schubkarren verteilen, und in fünfzehn Minuten fing das Endspiel der Fußball-Liga im Fernsehen an.

»Erde bist du und zur Erde kehrst du wieder!«, hat der liebe Gott zu Adam gesagt. »Ja, lieber Gott, ich habe gelernt, was Sünde ist, nun lerne ich im Garten die Strafe kennen!«, sagte ich und schob zentnerweise die Sand-, Lehm- und Kalkböden dahin, wo wir meinten, dass Rosen, Gurken, Rhododendren, Nelken usw. usw. wachsen sollten!

Gemüseschwemme

Als wir den Garten anlegten, kam die Frage auf, ob wir auch Gemüse pflanzen sollten. Merkwürdigerweise war meine gute Frau davon nicht so begeistert. »Dazu haben wir weder Platz noch Zeit, lieber Bill!«, sagte sie. »Ich pflanze schöne Erdbeeren, ein paar Kräuter, Tomaten und Radieschen, aber den Rest Gemüse kaufen wir. Wir haben das Geld.«

»Wir haben das Geld?«

Bald danach kaufte ich ein Kilo Tomaten und war entsetzt, dass sie so viel Geld wie eine Packung Zigaretten kosteten. An der Kasse wurden Samen angeboten: 80 Cent für eine ganze Packung Tomatensamen. Ich kaufte sie und eine ganze Reihe anderer Gemüsesamen: Salat, Karotten, Kohl, Spinat, Bohnen, Erbsen, Blumenkohl, Rosenkohl, usw. und brachte sie alle nach Hause.

»Ich habe diese teuren Tomaten, die nach nichts schmecken, satt. Ich will meine eigenen Tomaten züchten.«

»Gut«, sagte meine Frau, »kaufen wir sechs Tomatenpflanzen …«

»Nein!«, sagte ich, »wir wollen sparen. Hier habe ich für knapp 10 Euro alle Gemüse gekauft, die wir für den kommenden Winter brauchen! Wenn schon ein Garten, dann ein Nutz-Garten!«

Das Erste, das ich tun musste, war, die Tomatensamen in Frühbeete zu pflanzen. Da wir keine Frühbeete hatten, kaufte ich fünf Blumen-kästen und einige Beutel Blumenerde. Ans Blumenfenster durfte ich die Kästen aber nicht stellen, »Nein, da sind die Hauspflanzen«, sag-te meine Frau. »Stellen wir sie an die Küchen- und Speisekammer-fenster.«

Der Platz reichte nicht, so stellte ich einige an die Schlafzimmer- und Bürofenster.

Sie mussten nicht nur jeden Tag gegossen werden, sondern immer wieder vom Fenstersims heruntergenommen werden, denn man konnte die Fenster sonst nicht öffnen. Meine gute Frau übernahm diese Arbeit, denn ich vergaß meine »Lieblinge« sehr oft, so dass gut die Hälfte vertrocknete.

Nun kam die Pflanzzeit. In der Südecke sollte der Nutzgarten sein. Dort wuchs aber nur Gras! Also, umgraben, die Grasbüschel, Dornen und Disteln ausreißen und auf den Komposthaufen schmeißen, die Erde dann mit Kuhmist oder anderen Düngemitteln versorgen.

»Verflucht sei der Acker um deinetwillen, mit Kummer sollst du dich darauf nähren. Dornen und Disteln soll er dir tragen.«

1. Mose 3, 17

So steht es in der Bibel, und so erlebte ich es. Meine Hände bekamen Blasen, und meine Fingernägel brachen ab. Ich überlegte, ob ich beim Abendmahl die Hostien mit Handschuhen überreichen sollte. Es war schwerste Arbeit – aber ich blieb dabei.

Wenn ich dazu keine Zeit (oder Lust) hatte, war doch meine gute Frau in den Nutzgarten gegangen, hat den Boden gedüngt und für das Säen vorbereitet.

Dann fing das Säen an. Wie klein waren manche Samen! Die Bohnen konnte man einzeln aussäen, aber die Karotten nicht. Das Säen genügte jedoch nicht, denn einige Gemüsesorten brauchten Stützen. Für die Tomaten kaufte ich zwölf Spiralen aus Metall und für die Bohnen riesig lange Holzstangen. Die Kartoffeln und Zwiebeln waren leichter zu pflanzen, aber für die Gurken musste ich schon kleine Hügel bauen. Das Schlimmste aber war das Pikieren – das viele Bücken war ich nicht gewöhnt, und ich habe öfter die Karottenpflanze statt des Unkrauts ausgerupft.

Da Essbares dort wuchs, gingen Hasen, Rehe und Vögel gerne daran. So musste ich einen zwölf Meter langen Zaun bauen. Aber die Vögel konnten darüberfliegen und die Hasen hindurchschlüpfen. Alufolie auf Schnur, ein Vogelschreck und schließlich ein Netz mussten her. Aber die gefräßigen Tiere, sogar die langsamen Schnecken, waren immer schneller als ich. Bis ich etwas aufgestellt hatte, war das meiste, was ich schützen wollte, schon aufgefressen worden.

Aber dann endlich, für viel Geld und unzählige Stunden Schwerarbeit, konnten wir einiges Gemüse ernten. Nur, was tut man mit 50 Salatköpfen, 100 Tomaten, 80 Gurken und 200 Radieschen, die gleichzeitig reif werden? Die Nachbarn brachten mir ihre überflüssigen Salatköpfe, Tomaten und Gurken – und ich versuchte, das Gleiche an anderen gartenlosen Menschen zu tun. Leider wurden einem zu der Zeit in den Läden Salat, Tomaten, Gurken, Karotten, Radieschen usw. praktisch nachgeschmissen!

Die Erdbeeren, die meine Frau gepflanzt hatte, haben sich sehr gelohnt – und ihr Gewürzgarten war bewundernswert. Aber mein Gartengemüse – mein Nutz-Garten?

»Schau«, sagte sie, »viele Leute hier im Dorf haben ihre Gemüsegärten als Nebenberuf oder Hobby. Der Pfarrerberuf ist sehr anstrengend – du bist den ganzen Tag unterwegs. Und ich habe auch sehr viele Ehrenämter. Wenn du eine Stunde beim Rasenmähen oder Blumengießen verbringst, tut dir das gut, und wenn wir mittags im Garten essen oder abends am Teich ein Glas Wein trinken, ist das gute Erholung. Aber Gemüsebauer zu sein, lohnt sich für uns nicht. Lassen wir das.«

Als im Winter und Frühjahr der Nutzgarten mit Unkraut überwachsen war, hatte ich alle Lust, Gemüsebauer zu werden, verloren.

»Hier in der Zeitung steht, dass tiefgefrorenes Gemüse viel vitaminreicher ist als vieles, was man auf dem Gemüsemarkt kauft«, sagte ich. »Im Winter kaufen wir davon und im Sommer kaufen wir frisches Gemüse von den Bauern oder wir bekommen es geschenkt. Leg dir ein paar Beeren, Rhabarber, sechs Tomatenpflanzen und einen Gewürzgarten an, so kommen wir am billigsten und besten davon.«

Da ging meine gute Frau dran, pflanzte Himbeeren und Stachelbeeren und Johannisbeeren und Rhabarber, in einer kleinen Ecke ein paar Tomatenpflanzen und zwischen den Blumen ein paar Salatköpfe.

Meine Frau sagte nichts dazu, denn sie wusste, dass ich wusste, dass sie das von Anfang an vorhatte! Ja, im Grunde wollte ich nur auf diese Weise sagen, dass sie recht hatte!

Ein Teich muss sein!

Eines Tages zeigte meine Frau auf eine fünf Quadratmeter große Fläche und sagte: »Diesen Platz hier im Garten habe ich für dich freigelassen!«

»Soll ich hier begraben werden?«

»Nein, hierhin kommt der Teich, den du uns bauen wirst.«

»Ich weiß gar nicht, wie man so was baut.«

»Es gibt viele Bücher darüber, und ich habe in einer Zeitschrift gelesen, dass es gar keine Arbeit macht, einen Teich zu bauen. Nach dem langen Winter am Schreibtisch brauchst du körperliche Betätigung. Kauf dir ein Buch darüber!«

Also ging ich in eine Buchhandlung und fragte die junge Verkäuferin, ob sie ein Buch über Teichbauen hätte.

»Ich bin für Belletristik zuständig«, sagte sie, »aber dieses Buch ist bestimmt gut. Es ist von einem Zoodirektor für seine Frau geschrieben.«

Ich guckte das Vorwort an: »*Mit dem Wasser hat es etwas Besonderes auf sich: Im Wasser entstand das erste Leben auf unserer Erde, und noch heute ist jedes Lebewesen, auch der Mensch, davon abhängig.*«

Das klang sehr theoretisch, denn so etwas Ähnliches sagte ich öfter bei Taufen.

Ich kaufte das Buch, und am gleichen Abend, vor dem Einschlafen, las ich darin. Was aber darin stand, erschreckte mich gewaltig!

»*Haben Sie den Arbeitsaufwand bedacht? Er ist nicht zu unterschätzen und kann schnell zur Entmutigung führen. Das Ausheben des Teiches nur mit Schaufel und Hacke dauert – je nach Größe und Zahl der Hilfswilligen – monatelang.*«

Je nach Zahl der Hilfswilligen! Die Zahl der Hilfswilligen war eins – ich! Ich blätterte weiter bis zum Kapitel »Zuwanderung«, wo erzählt wurde, dass viele Amphibien – Frösche, Schildkröten und Kreuzottern – sich vom Wasser angelockt fühlen. Da war zu lesen:

»*Froschkonzerte haben schon gute Nachbarn zu Prozessgegnern werden lassen!*«

»Das könnte mich die Pfarrstelle kosten!«, dachte ich. Weiter las ich:

»*Kreuzotter: einzige bei uns heimische Giftschlange!*«

Was macht man, wenn eine in den Garten kommt? Da stand es: »*Erschlagen Sie keine Kreuzottern! (Es würde ohnehin bald eine neue – an anderer Stelle – zu ungewisser Zeit wieder auftauchen.) Beobachten Sie die Lebensgewohnheiten der Schlangen am Tage. Wahrscheinlich bleibt sie zu unbestimmten Stunden auf ihrem festen Sonnenplatz, ohne sich zu rühren. Sie brauchen keine Angst zu haben, denn die Schlange kann nicht springen.*« Welch ein Trost!

»*Gummistiefel schützen Sie in jedem Fall sicher vor einem Biss … Erkundigen Sie sich immer nach nahe gelegenen Krankenhäusern, Ärzten und Apotheken, die Serum vorrätig halten, um im Gefahrenfall nicht lange suchen zu müssen.*«

Aber es kam noch schlimmer: *»Schließen Sie von vornherein die Gefahr des Ertrinkens aus, indem Sie das Gelände entweder für unter 4-Jährige unüberwindlich einzäumen oder den Bau des Teichs auf einen Zeitpunkt verschieben, zu dem die Jüngsten willens sind, Ihre Mahnungen zu befolgen – oder schwimmen können!«*

»Es geht nicht, liebe Frau!«, sagte ich. »Einen Teich zu bauen dauert Monate, und dann kommen Kreuzottern in den Garten, und wir müssen im Garten immer Gummistiefel tragen und Serum in erreichbarer Nähe haben. Und die Nachbarn hängen uns einen Prozess wegen der Froschkonzerte an, und ich muss einen zwei Meter hohen Zaun aus Stacheldraht bauen, damit unsere Enkelkinder nicht darin ertrinken!«

»Wo hast du diese Ideen alle her?«

»Hier in diesem Buch! Schau, es steht alles hier geschrieben!«

»Es gibt viele Gartenteiche hier im Dorf! Kauf dir ein anderes Buch.«

»Ja«, sagte ich, »das ist wie bei dem Flugzeugwitz. Der Pilot weigert sich abzufliegen, weil das Flugzeug nicht flugtauglich ist, und statt eines anderen Flugzeugs nimmt man einen anderen Piloten.«

Meine Frau hörte nicht hin. Sie behauptete immer, dass ich, seitdem wir verheiratet waren, kein vernünftiges Wort mehr mit ihr gewechselt hätte. Bevor ich einschlief, fiel mir ein, warum der Autor so viel Negatives geschrieben hatte. Er wollte nicht, dass seine Frau auf die Idee käme, ihn zu bitten, einen Teich in ihrem Garten anzulegen.

Am nächsten Tag sah ich meine Frau mit der Schaufel in den Garten gehen. Sie fing an zu graben. Ich nahm ihr die Schaufel aus der Hand. »Entweder keinen Teich oder ich grabe.«

Jedoch: Bevor ich mit dem monatelangen Ausgraben anfing, las ich weiter in dem Buch das Kapitel »Abdichtungsmaterialien und ihre

Vorarbeitung«. Da waren viele Möglichkeiten aufgezeichnet – mit ihren Vor- und Nachteilen.

Beton
› Vorteil: *sehr solide, gut zu gestalten, praktisch unzerstörbar.*
› Nachteil: *Erstellung nur mit handwerklichem Geschick; auf Dauer erfolgversprechend; nur mit Presshammer zu beseitigen.*
Also, Beton kam nicht in Frage.

Glasfaserverstärktes Polyester
› Vorteil: *praktisch unzerstörbar, schnell betriebsfertig.*
› Nachteil: *recht teuer – erstarrt nach dem Mischen etwa innerhalb einer halben Stunde, erfordert also ein zügiges Arbeiten.*
Da ich nicht so viel Geld hatte und alle Viertelstunde ans Telefon oder zur Ausstellung eines Patenscheines abgerufen wurde, kam Glasfaser-Polyester, den man zügig bearbeiten müsste, nicht in Frage.

Ton
› Vorteil: *einfach, leicht und billig herzustellen und zu reparieren.*
› Nachteil: *kann leicht durch tief wurzelnde Pflanzen undicht werden, so dass der Teich häufiger nachgefüllt werden muss.*
Also, Ton kam auch nicht in Frage.

PVC-Folie
› Vorteil: *leicht zu verarbeiten, rasche Fertigstellung.*
› Nachteil: *kann durch Unachtsamkeit durchlöchert werden und ist dann praktisch nur nach totaler Bloßlegung zu reparieren.*

Ich war verzweifelt. Es blieb also nur die Möglichkeit, ein Fertigbecken zu kaufen. Eins von fünf Quadratmeter Größe kostete etwa 1000 Euro.

Nach langen Beratungen entschieden wir uns für PVC-Folie. Fünf Quadratmeter wären also 75 Euro.

Ich zog los, um sie zu kaufen.

»Für einen 250 x 200 Zentimeter großen Teich brauchen Sie ein Stück von 450 x 400 Zentimeter«, sagte mir der junge Verkäufer, der anscheinend Tausende von Teichen gebaut hatte.

»Wieso 450 x 400 Zentimeter?«

»Man muss die Seiten dazurechnen. 80 bis 90 Zentimeter soll der Teich tief sein – sagen wir also einen Meter Folie pro Seite – das macht 18 Quadratmeter – 270 Euro. Dazu brauchen Sie auch eine Pumpe – diese ist heute im Angebot. Zu der Pumpe sollten Sie eine Wasser speiende Figur nehmen. Heute haben wir viele im Angebot.«

»Wie gut, dass ich nicht gestern hier eingekauft habe!«, dachte ich und nahm einen Wasser speienden Frosch dazu.

»Wir haben ein gutes Buch über Gartenteiche«, sagte der junge Mann. »Wenn Sie Goldfische und Seerosen darin haben wollen, sollten Sie das Buch dazukaufen – heute im Angebot.« Ich kaufte das Buch und ging schnell weg, bevor der junge Mann mir die teure Teichbeleuchtung andrehen konnte.

Meine gute Frau hatte bereits die fünf Quadratmeter Grassoden ausgestochen. Ich fing an zu graben.

»Den Mutterboden kannst du mir geben«, sagte sie und holte ihn mit der Schubkarre ab.

Ich grub und grub! Dann stieß ich auf Bauschutt.

»Das kommt hinter den Komposthaufen«, sagte meine Frau. »Ich muss aber Mittagessen machen.« Was bedeutete, dass ich den Bauschutt zum entferntesten Ende des Grundstückes bringen musste.

Dabei fiel mir ein Satz aus dem Buch über Naturteiche ein: »*Es empfiehlt sich, den Aushub im Garten zu lassen ... So haben Sie immer*

Erde parat zum Wiederauffüllen der Baugrube, falls Sie eines Tages des Teichs überdrüssig werden sollten.«

Endlich war die Bauschutt-Schicht zu Ende, da kam sandiger Boden, der sehr schnell auszuheben gewesen wäre, wenn nicht die Wurzeln der Fliederbüsche und Äpfelbäume dazwischen gewachsen wären. Die haute ich mit einem Beil erbarmungslos ab und hoffte, dass sie nicht weiterwachsen und den Teich zerstören würden.

Das Ausgraben dauerte nicht Monate, sondern nur einen Tag, denn ich ging mit Gewalt daran. Dabei trat ich leider meinen rechten Fuß durch. Aber das bemerkte ich zum Glück erst, nachdem das Ausheben fertig war, sonst hätte es tatsächlich Monate gedauert. Aber ich hatte monatelang darunter zu leiden, hinkte im Haus und Garten, zum Altar und auf die Kanzel und bekam viel Mitleid von der Familie und Gemeinde und Einlagen vom Orthopäden. Die Einlagen habe ich für den Rest meines Lebens als Erinnerung behalten.

Dann kam das PVC.
»Das ist kinderleicht zu verlegen«, hatte der Verkäufer gesagt, aber meine Frau und ich waren keine Kinder mehr. Das Problem war, dass das Loch verschiedene Tiefen hatte und die Folie nicht zu biegen war. Wieder einmal konnte ich sagen: »Gott mit mir« – denn ich wurde dienstlich abgerufen, und als ich zurückkehrte, hatte die Sonne (oder der liebe Gott) die Folie ganz weich gemacht.

Nun kam der große Augenblick. Wir füllten den Teich mit Wasser. Aber die Freude war kurz – denn der Teich war an der West- und Südseite etwa 30 Zentimeter tiefer als an der Nord- und Ostseite.

Ich schaute in das schlaue Buch. Da war zu lesen: »*Oberstes Ziel beim Bau eines künstlich abgedichteten Naturteichs ist ein ringsum absolut waagrechter Rand, sonst läuft das Wasser wie aus einem schräggestellten Suppenteller aus.*«

»Wir müssen alles neu machen«, sagte meine Frau. »Armer Mann!« Zum Glück konnte der Wasser speiende Frosch das Wasser sowohl hinter den Teich als auch in den Teich spucken, und so brauchten wir nur die letzten 25 Zentimeter mit dem Eimer auszuschöpfen. Die Folie nahmen wir raus, und dann hatte ich das Problem, den Rand des Teiches »in Waage« zu kriegen. In dem schlauen Buch standen zwei Vorschläge: »*Sie versehen einen mit Wasser gefüllten Gartenschlauch an den Enden mit je einem Klarsichtrohr, zum Beispiel einer beschnittenen Einwegspritze. Der Wasserspiegel muss in beiden Schlauchenden dieselbe Höhe haben.*«

Leider waren die Einwegspritzen meiner Krankenschwester-Tochter zu dünn für unseren Gartenschlauch, so überlegten wir die zweite Möglichkeit: »*... mit Hilfe eines Brettes und einer Wasserwaage, indem Sie Pflöcke rings um den Teichrand einrammen.*«

Ein Brett und Wasserwaage hatten wir – aber keine Pflöcke. »Wenn der Teich fertig ist, kannst du den Nachbarn sagen: »Diesen Teich hat mir mein lieber Mann gebaut kurz vor seinem Nervenzusammenbruch!«

Meine Frau hörte nicht hin, legte einfach an verschiedenen Stellen das Brett und die Wasserwaage über den Teich, und mit dem Aushub hinter dem Kompostbeet füllten wir die Süd- und Westseiten auf, bis die Wasserwaage uns zeigte, dass der Teich »in Waage« lag.

Nun brauchten wir Pflanzen und Fische für unseren Teich. Da erwies sich die Gemeinde als sehr hilfreich. Eine Nachbarin lieferte einen Korb voll schwarzer Knollen, die sich später als Seerosen entpuppten, und der Nachbarjunge ging mit mir zum Fluss, wo wir Schilf ausgruben. Die Pflanzen tat ich in alte Holzkisten und versenkte sie im Teich. Nach einigen Stunden schwammen die Holzkisten auf der Oberfläche, und die Pflanzen lagen unten. Da musste ich mich bis auf die Unterhose ausziehen und ins Wasser tauchen, um die Pflanzen zu retten. Zum Glück konnte mich niemand sehen, als ich im Ziergarten war, aber nachher, als ich mit der nassen Unterhose in der Hand durch die Diele nach oben flitzte, fragte eine Dame, die gerade an der Haustür mit meiner Frau redete, wer da wohl gerade vorbeigeflitzt sei.

Wieder angezogen beschwerte ich die Kisten mit Steinen, und sie blieben unten.

Eine andere Dame schenkte uns Goldfische aus ihrem Teich. Die musste ich aber selber fangen, was ich unter Lebensgefahr am Rande ihres Teichs mit einem selbst gebastelten Fangnetz aus einem alten Kleiderbügel und einem Stück Gardine tat. Leider ging immer der gleiche Goldfisch ins Netz, und ich musste ihn zurücktun, denn er war gerade der Lieblingsgoldfisch der Familie, weil er ihr aus der Hand fraß – was sicherlich die Erklärung dafür war, dass er öfter ins Netz ging.

Nun sollten Pumpe und der Wasser spuckende Frosch angeschlossen werden, aber es gab leider keinen Steckkontakt am Teich. Und so musste ich ein 30 Meter langes unterirdisches Kabel kaufen und es 30 Zentimeter unter den Rasen und durch die Blumenbeete legen, wobei ich einige Stauden vernichtete. Um das Wasser von der Pumpe bis zum Maul des Frosches zu leiten, musste ich nochmals in die Stadt fahren und 40 Zentimeter Aquarium-Schlauch kaufen. Der Frosch spuckte eine Stunde lang und hörte dann auf. Die Pumpe zog nicht nur Wasser, sondern auch Blätter in den Schlauch. Ich löste dieses Problem mit einem alten Nylonstrumpf. Nun lief alles wie am Schnürchen, und wir freuten uns an dem Teich, bis er »umkippte«, was heißt, bis er stank.

»Was machen wir nun?«, fragte meine Frau.

Ich guckte in das schlaue Buch und las Folgendes: »*Wie oft habe ich erlebt, dass Teichbesitzer trotz wiederholten Einsatzes von Schädlingsbekämpfungs- und Algenvernichtungsmitteln, Filtern und Pumpen ihr Gewässer bald wieder im alten Zustand vorfanden.*«

Danach folgte das Aufzählen verschiedener Wasserkrankheiten, die nur zu beheben waren, wenn man das Wasser öfter auswechselte oder sogar Tropfen durchsiebte. Ich drehte den Frosch um, sodass er das Wasser ans Land spuckte, und mit meinem selbst gebastelten Fischfangnetz und meinen neulich gewonnenen Fischfang-Geschicklichkeiten hatte ich bald alle Fische im Eimer. Da sie mir aber leidtaten, brachte ich sie nach oben, füllte die Badewanne und ließ sie darin schwimmen.

Nun stand uns das Ausschöpfen mit Eimern nochmals bevor. Als ich dies machen wollte, kam meine gute Frau strahlend auf mich zu. »Lieber Mann«, sagte sie, »schau, was in diesem anderen Buch über Fischteiche steht!« Da las sie mir den Satz vor, den ich am liebsten am Teichrand eingemeißelt hätte:
»*Wasser, das man in Ruhe lässt, wird auf die Dauer von selbst klar.*«

Wir glaubten, was da stand, als stünde es in der Bibel – und siehe – es hat gestimmt. Nachdem wir den Teich aufgefüllt hatten, und er wieder umkippte, taten wir nichts. Und eine Woche später, als ich an den Teich kam, war das Wasser glasklar und blieb (mit einjährigen Algenkuren) bis heute so.

Unsere Freude über den zuvor genannten Text in Buch Nr. 2 war dadurch etwas getrübt, dass ich die Fische tot in der Badewanne fand.

Sie waren durch die Seife und das Putzmittel am Rand der Wanne vergiftet. So musste ich schnell in die Stadt fahren und neue Fische kaufen.

»Ist dein Teich nicht wunderschön?!«, sagte meine Frau, als wir in einer sonnigen Stunde am Rand saßen und Kaffee tranken. Der Frosch spuckte, die Seerosen blühten, und die Fische und Wasserflöhe spielten darin und darauf.

»Schade ist nur, dass wir, wenn ich in Rente gehe, Garten und Teich verlassen müssen«, sagte ich.

»Ach, dann legen wir noch einen Garten und Teich an – du kannst das jetzt ja so schön!«

»Was ist ein Garten ohne Teich und Seerosen und Goldfische!«, sagen die Japaner und haben bis zu zwölf Teiche im Garten.

Leichtbauweise

»Was tue ich am liebsten im Garten? Essen! Besonders am Morgen, wenn die Tautropfen wie tausendfache Diamanten im Gras funkeln; und am Mittag, wenn die Sonne am blauen Himmel steht und alles im Garten vergoldet; und am Nachmittag, wenn unter dem Sonnenschirm eine leichte, kühlende Brise weht; und am Abend, wenn der Mond alles versilbert und die Sterne wie Kerzen am klaren Himmel leuchten.« Dies war die Antwort, die meine gute Frau bekam, als sie mich eines Tages fragte.

»Sehr romantisch«, antwortete sie, »aber unser Garten liegt auf dem falschen Breitengrad und zu nah an der Großstadt. Der Tau liegt auf dem Gras, aber er funkelt nicht, weil die Sonne selten oder nur durch eine Dunstglocke scheint, und am Nachmittag kommen die Regenwolken. Und wenn es abends nicht regnet, sind wir froh, wenn wir durch den hochsteigenden Nebel den Mond, geschweige denn die Sterne sehen können.« Aber weil sie von ihrer Mutter gelernt hat, dass eine Ehefrau es am leichtesten hat, wenn sie ihren Mann bei guter Laune hält, deckt sie den Tisch im Garten, so oft sie kann.

Wir haben es aufgegeben uns nach den Wetterberichten im Fernsehen zu richten. Denn wir wissen nicht, ob unser Dorf im Norden, Süden, Osten oder Westen der Bundesrepublik liegt. Wenn es heißt Regen im Norden und Sonne im Süden, liegen wir im Norden. Wenn es heißt Regen im Süden und Sonne im Norden, liegen wir im Süden. Das Gleiche gilt für Osten und Westen. Wenn eine Regenwolke den Westen streifen soll, liegen wir im Westen. Wenn ein Sturmtief vom Osten droht, liegen wir im Osten. Manchmal aber erwarten wir den Regen, und siehe, die Sonne scheint. So schauen wir morgens aus dem Fenster, und wenn es nach schönem Wetter aussieht, heißt es: »Schnell, alles nach draußen schleppen – wir können im Garten essen!«

Während ich die Gartenmöbel und die Kissen und den Sonnenschirm schnell aus der Garage hole, schleppt meine Frau die Teller, Gabeln, Löffel, Tassen, Untertassen, Gläser, Salz, Pfeffer, Saft, Kaffee, Milch, Zucker, Brot, Butter, Marmelade, gekochte Eier, Kartoffeln, Gemüse, Fleisch, Kuchen, Wein und Sherry nach unten.

Da die Liste sehr lang und bei jeder Mahlzeit anders wird, vergisst sie etwas, und dann entsteht ein Streit, ob sie oder ich es holen soll.

»Wo gehst du hin?«

»Du hast die Butter vergessen.«

»Lass mich holen!«

»Nein, du hast genug heruntergeholt!«

»Aber ich habe sie vergessen!«

»Ich bin schon unterwegs!«

Eines Tages sagte meine Frau: »Schade, dass wir kein Gartenhäuschen hier im Garten haben, wo wir das alles verstauen und Kaffee kochen können.«

Da habe ich erst bemerkt, wie sehr sie sich nach einem Gartenhäuschen sehnte und ging gleich ins Büro und fertigte neben der Predigt eine Zeichnung von einem schönen Gartenhäuschen an. Ein paar Tage danach ging ich in die Stadt, um das nötige Holz zu kaufen.

»Wir haben heute«, sagte die Verkäuferin im Baumarkt, »ein kleines wetterbeständiges, druckimprägniertes Holzhaus im Angebot.«

Ich scheine immer das Glück zu haben, gerade den Tag zu erwischen, an dem das, was ich suche, im Angebot ist. Mir tun die Leute leid, die einen Tag vorher oder nachher einkaufen.

»Das Häuschen hat 200 x 250 Zentimeter, und die Teile sind vorgefertigt.«

Das war genau die Größe unseres Teiches, und ich ahnte schon das Schlimmste, aber ich ließ sie weiterreden, denn das Wort »vorgefertigt« klang sehr schön in meinen Ohren.

»Es kommt aus Schweden und ist aus schönem Fichtenholz. Hier ist ein Bild davon. Sehr solide.«

»Ist dieses Häuschen wirklich leicht zu bauen?«

»Die Teile sind alle fertig. Sie brauchen sie nur zusammenzuschrauben!«, war ihre Antwort.

Und so kaufte ich das Häuschen, erfreut, dass es nicht so viel Arbeit machen und schnell gehen würde.

»Wann können Sie das Haus liefern?«

»Donnerstag.«

»Gut – aber Donnerstag muss es da sein, denn Samstag fahren meine Kinder alle in Urlaub, und dann habe ich niemanden, der mir hilft, es aufzubauen«, sagte ich.

Den ganzen Donnerstag schaute ich aus meinem Bürofenster und rauchte eine Zigarette nach der anderen – aber kein Häuschen kam. Nachmittags musste ich einen Krankenbesuch machen. Als ich nach Hause kam, sagte meine Frau: »Unser Häuschen ist gekommen!«

»Gott sei Dank! Wo liegen die Teile?«

»Neben der Garage! Ich helfe dir, sie in den Garten zu tragen.«

Ich ging schnell zur Garage und dachte, mich trifft der Schlag! Was lag da? Hunderte von Profilbrettern, einige sehr dünne Balken, vier Holzfaserplatten, ein Stück Glas, zwei Profilholz-Dreiecke und eine Rolle Teerpappe, aber keine einzige Schraube! Wir schleppten das Baumaterial schweigend in den Garten, die Teerpappe in die Garage.

Die Kinder verließen uns. Meine Frau und ich hatten jetzt Urlaub, wollten unseren Garten genießen und einen schönen Urlaub zu Hause machen. Ich fertigte ein Schild an: »Der Pastor ist in Urlaub bis … Vertretung hat …« und hängte es an die Haustür.

Diese Arbeit hätte ich mir sparen können, denn ständig ging das Telefon oder die Türglocke, oder Leute suchten und fanden uns im Garten, auch wenn wir uns hinter Fliederbüschen versteckt hatten.

»Wir wollen nur von dir getauft, getraut und beerdigt werden«, sagten sie. Oder: »Ich muss heute den Patenschein haben!« – »Morgen muss ich dies beglaubigt haben!« – »Die Organistin ist krank!« – »Meine Leute wollen die Kirche anschauen.« – »Ich brauche ein Anmeldeformular für den Konfirmandenunterricht.« Usw. usw.

Aber wir hatten sowieso keine Zeit, uns auf den Liegestühlen auszuruhen, denn wir mussten das Häuschen »zusammenschrauben«.

Zum Glück hatten wir gutes Wetter.

»Wo sind die Baupläne?«, fragte meine Frau.

»Die hängen am Lieferschein«, sagte ich. Es hat aber einige Stunden gedauert, unterbrochen von Leuten, die etwas zu beglaubigen hatten, bis ich den Lieferschein und die Baupläne auf meinem Schreibtisch fand.

Baupläne?! Das war ein Zettel mit der Abbildung des Häuschens, Gratulationen an uns, weil wir das Häuschen gekauft hatten, einige Angaben über die Beschaffenheit des Kiefernholzes (es muss wasserfest gemacht werden) und gute Wünsche für viele frohe Stunden im Häuschen, wenn es fertig aufgestellt war.

»Ist das alles?«, fragte meine Frau.

»Nein, der Name des Herstellers in Schweden steht darauf, falls wir Fragen oder Reklamationen haben, und dass es länger hält, wenn wir Schrauben statt Nägel dafür nehmen.«

»Ach, das war das, was die Frau mit dem Zusammenschrauben meinte!«

Während ich die Werkzeuge suchte und wetterfesten Lack und Hunderte von Schrauben kaufte, sortierte meine gute Frau die Bretter und Teile und legte sie um den Bauplatz.

»Wir müssen alles wetterfest machen«, sagte ich und fing damit an.

Die Holzfaser-, die Dach- und Bodenteile saugten den Lack wie Schwämme auf. Immer wieder musste ich neuen Lack nachholen.

»Die Profilbretter sind sehr dünn und haben viele Astlöcher«, sagte meine Frau.

Besonders dünn waren auch die Balken – etwa 3 x 5 Zentimeter. Zur Probe legte ich zwei »Balken« auf den Rasen und die Bodenteile darauf. Wenn man darauf stand, konnte man auf und ab wippen wie auf einem Trampolin.

Meine Frau schaute die »Baupläne« noch einmal an. »Hier steht, dass man das Häuschen auf ein Betonfundament stellen kann.«

Da wir weder Beton noch Sand, geschweige denn einen Betonmischer zur Hand hatten, beschlossen wir, das Häuschen auf große

Balken zu stellen. Gerade in diesem Augenblick kam der Mann unserer Nachbarin mit einem Eimer Kuhmist an, hatte Mitleid mit uns und schenkte uns zwei dicke, alte Eichenbalken für das Fundament. Meine Frau meinte, er habe uns damit etwas sehr Wertvolles geschenkt und dass wir uns in irgendeiner Form dafür revanchieren müssten. Aber ich glaube, er hatte bloß Angst, dass seine Frau auch auf die Idee kommen könnte, ein Gartenhäuschen aufzustellen.

Nun legten wir die zwei 250 x 10 x 10 Zentimeter Eichenbalken hin und die Bodenteile darauf. »Wir haben wieder ein Trampolin«, sagte ich und wippte auf ihnen auf und ab.

»Ich würde es eher eine Rutschbahn nennen«, meinte meine Frau. Da merkte ich dann auch, dass unser Garten abschüssig war. Der Unterschied betrug über 20 Zentimeter.

Wir hatten aber immer noch viel Bauschutt hinter dem Komposthaufen, und mit ihm und einer Wasserwaage bekamen wir das »Fundament«, wie bei dem Teich, »in Waage«.

Nun kaufte ich 12 Zentimeter lange Nägel, um den Boden an den Balken zu befestigen. Die Nägel zersplitterten die zarten Fußbodenteile, aber gingen nicht einen Zentimeter in die Eichenbalken hinein.

»Diese Balken sind wie aus Eisen.«

»Ja, deswegen ist Eiche so teuer. Mein Vater hat immer Löcher in das Eichenholz bohren lassen und dann Holzdübel reingeschlagen.«

Mein Schwiegervater war Architekt gewesen und hatte nur die Zeichnungen anzufertigen und die Arbeit zu überwachen brauchen. Ich musste die Löcher selbst bohren. Mit der Hilfe aller Verlängerungsschnüre im Hause kam ich an die Balken heran. Später fiel uns ein, dass wir die Balken näher an das Haus hätten schleppen können! Aber so was fällt einem meistens erst nachher ein.

Nachdem einige Bohrspitzen abgebrochen waren (und im Holz stecken blieben), nahm ich den Steinbohrer und kriegte die Löcher tatsächlich hinein – allerdings nur ein Loch an jedem Ende und je zwei Löcher in der Mitte. Mit der Hilfe von Dübeln und Schrauben und einem neuen Schraubenzieher (nicht im Angebot!) hatte ich endlich »das Fundament« fertig.

Danach fing es an zu regnen, und ich genoss einen Fernsehkrimi, der mir allerdings besser gefallen hätte, wenn statt eines Erbonkels ein Hersteller von Fertighäusern ermordet worden wäre.

Am nächsten Morgen schleppten wir alle Möbel aus der Garage und alles Geschirr und alle Essvorräte in den Garten, fest entschlossen, da zu bleiben, bis das Häuschen fertig war – auch wenn es eine Woche dauerte. Was es tat – denn die Arbeit wurde immer wieder von Regen und Gemeindemitgliedern, die Patenscheine und dergleichen brauchten, unterbrochen. Auch einige Bekannte erschienen, um unseren schönen Garten zu bewundern und von ihren Ferien in Spanien und Italien zu erzählen. Sie blieben zum Kaffeetrinken, hatten aber keine Zeit zum Gartenhäuschenbauen.

Inzwischen merkte ich, dass meine Familie recht gehabt hatte. Als Theologe mag ich schon gelten, aber nicht als Architekt.
»Auch mein Vater hätte es nicht geschafft mit diesem Bild und diesen vielen Teilen das Häuschen zusammenzusetzen«, sagte meine gute Frau, als ich zum zehnten Mal entdeckte, dass ein Teil, dass ich für das obere hielt, doch nach unten gehörte – oder umgekehrt.

Zum Glück verfüge ich als Pastor über ein großes Vokabular theologischer Schimpfwörter. Meine gute Frau meinte, ich sollte lieber beten als den Namen Gottes unnützlich führen. Aber ich hoffte, dass Gott Humor und Erbarmen mit mir hatte. Meine wichtigsten

Werkzeuge waren also das Stemmeisen und die Schraubenzieher, die ich für jede Schraube mehrmals brauchte – um jede Schraube rein- und dann raus- und dann wieder rein- und wieder rauszudrehen.

»Schau«, sagte meine gute Frau, »hier steht doch, dass die Eckpfosten Rillen haben, in welche die Profilbretter hineinpassen. Man braucht die Bretter anscheinend nur da reinzustecken – nicht anzuschrauben.«

»Schade, dass ich das nicht gelesen habe, bevor ich mein Handgelenk verstauchte!«

Ab da ging es ruck, zuck. Die sehr dünnen Eckpfosten wurden mit Hilfe von Winkeleisen an dem Trampolin befestigt, und wir schoben die Profilbretter in die Rillen. Dabei entdeckten wir, dass einige Bretter bis zu zwei Zentimeter zu kurz bzw. einen Zentimeter zu lang waren – aber mit Gottes Hilfe hatten wir endlich die vier Wände fertig. Als wir stolz und glücklich alles anschauten, brach das Haus zusammen und landete auf den Tomatenpflanzen dahinter.

Ich brach auch zusammen, aber meine Frau brach nur in Lachen aus. Sie lachte und lachte und lachte, und dann fing ich an, mit ihr zu lachen, und dann küssten wir uns und tranken Kaffee in der Garage, während es draußen donnerte und blitzte.

Abends gab es im Fernsehen einen Film, in dem viele Hochhäuser einstürzten, was uns wieder zum Lachen brachte. »Genau wie bei uns im Garten!«, sagten wir schadenfroh.

Am nächsten Tag besorgte ich Nägel und nagelte jedes Profilbrett in seiner Rille fest. Als wir eine Wand fertig hatten, merkten wir, dass ich die Bretter mit der Wetterseite nach innen angenagelt hatte, worüber meine Frau diesmal nicht lachte. Da die Nägel zu lang waren, und die Spitzen auf der anderen Seite herausragten, konnte ich sie alle mit Hammer und Zange entfernen. Danach ging es mit kürzeren Nägeln wirklich zügig voran, und die vier Wände fielen nicht um. Aber die Eckpfosten waren wackelig, und das Häuschen stand nicht rechteckig, sondern karoförmig da.

»Das Dach wird das regulieren«, meinte meine Frau, und damit hatte sie recht. Nachdem wir den Dachfirst und die beiden Dreiecke angebracht hatten, verlor es etwas von seiner Karoförmigkeit. Irgendwie passten die Dachteile nicht darauf, wir mussten sie mehrmals umdrehen, bis alles passte.

Nun sollte die Teerpappe auf das Dach kommen. Wir rollten sie auf dem Rasen aus und maßen sie ab. Wir hatten aber keine Schere, womit wir sie hätten schneiden können, und meine Frau erlaubte es nicht, dass ich ihre gute Haushaltsschere oder die gute Gartenschere dafür nahm. Mit einem Teppichbodenschneider haben wir sie endlich in vier Teile geteilt.

Da wir kaum noch was zum Essen im Haus hatten, mussten wir einkaufen fahren. Es war sehr heiß, und die Sonne stach. Als wir in den Garten kamen, war die Teerpappe kuchenteigweich geworden. Statt sie auf das Dach zu legen, habe ich sie darauf geschmiert. Dann folgte ein Gewitter und Kaffeetrinken in der Garage.

Sobald der Sturm vorbei war, eilten wir in den Garten, und da erlebten wir wieder ein Wunder Gottes. Das Dach war dicht! Nur durch die Tür- und Fensteröffnungen war Feuchtigkeit ins Haus gekommen.

Ich will nicht mehr so ausführlich erzählen, wie wir Tür und Fenster eingebaut haben. Es genügt vielleicht zu sagen, dass sie beide von vorn bis hinten nicht gepasst haben und dass ich für diese Fummelarbeit sehr viel Zeit und Zigaretten gebraucht und öfters das 2. Gebot übertreten habe, wofür Gott mir verzeihen möge.

Nun war das Gartenhäuschen endlich fertig – bis auf die Innenausstattung. Aber wir hatten auf dem Boden und im Keller allerlei alte Schränke und Kommoden und Bretter und Teppichbodenreste und sogar einen ausrangierten Eisschrank.

»Ich habe so viel altes Geschirr, Gläser und eine Kaffeemaschine«, sagte meine Frau. »Wie gut, dass ich sie nicht weggeworfen habe!«

Mit viel Elan und Freude richteten wir das kleine Häuschen ein. Nun war es fertig, aber es war entweder zu heiß oder zu kalt, zu windig oder zu regnerisch, um im Garten zu essen.

»Ein Trost!«, sagen Sie. »Sie brauchen nicht mehr alles aus der Garage zu holen und immer treppauf, treppab zu laufen, um Essvorräte zu holen!« Schön wär's!

Wenn es regnet, muss ich alle Möbel und Kissen und Tischdecken schnell ins Häuschen bringen, und wenn wir im Garten bei Sonnenschein essen wollen, alles wieder herausnehmen. Klar – das Häuschen ist 50 Meter näher an unserem Essplatz als die Garage, aber dafür brauche ich mehr Zeit, um alles auf einem so kleinen Raum ineinanderzustapeln. Und wenn wir im Garten essen und ich meine Frau frage, ob wir Butter haben, sagt sie: »Ach ja, oben im Kühlschrank.«

Und so geht die alte Litanei wieder los.

»Lass mich sie holen!«

»Nein, du hast genug heruntergeholt!«

»Aber ich habe sie vergessen!«

»Ich bin schon unterwegs!«

Gartenmöbel für alle

Man will nicht nur im Garten arbeiten, sondern gemütlich sitzen, essen, sich sonnen, usw. Dafür braucht man Gartenmöbel! Auf den romantischen Biedermeier-Bildern sitzt das alte Ehepaar auf einer schlichten Holzbank vor der Haustür. Eine sehr schlichte Holzbank hatte ich sogar noch schnell selbst zusammengezimmert. Dazu sägte ich nur einen alten Pfosten in vier Teile, klopfte die Teile in den Boden und verband sie mit vier alten Brettern.

Diese Bank sah von Anfang an baufällig, sprich romantisch aus. Meine Frau und ich haben am Anfang immer wieder darauf gesessen, um die nächste Stufe des Gartenbaus zu besprechen. Da die Bank ziemlich rau war, brachte meine gute Frau zwei alte Sofakissen mit, die sie dann abends wieder ins Haus trug.

So schön billig und romantisch dieses erste Stück Gartenmöbel auch war, wurde es uns, als wir darauf saßen, ganz klar, dass wir richtige Gartenmöbel kaufen mussten. Ich ging los, um zu schauen, was es gab und was für Sonderangebote zu kaufen waren.

Im Gartenfachgeschäft erfuhr ich, dass es Garten-Wohnzimmer, Garten-Esszimmer, Garten-Schlafzimmer, Garten-Küchen und Garten-Kinderzimmer gab. Man braucht also fünf verschiedene Ausstattungen oder, wie sie auf gut Deutsch heißen, »Sets«.

Im Angebot waren vier weiße Plastikstühle und ein kleiner, runder Tisch. Die brachte ich nach Hause, stellte sie in den Garten und meinte, dies genüge. Aber siehe, es genügte doch nicht – denn auf dem Tisch bekam man für vier Leute höchstens vier Kaffeegedecke und den Kaffeepott, aber nicht die Torte unter. Und wollte man zu Abend essen, hatte man gerade Platz für vier Essteller, Besteck, Gläser, Salz und Pfeffer.

Ich musste einen größeren Tisch besorgen, der äußerst schwer mit dem Auto nach Hause zu transportieren war! Er war auch weiß, und man konnte den kleinen Tisch als Beistelltisch nehmen. Am großen Tisch konnten bis zu acht Personen sitzen. Ich zog los und kaufte vier weitere Plastikstühle, die leider nicht im Angebot waren. Nun hatten wir zwei Tische und acht Stühle – aber keine Kissen dazu, denn so viele alte Sofakissen besaßen wir nicht. Ich fuhr wieder los, um »Gartenstuhl-Polster-Kissen« zu kaufen. Die schönen kosteten mehr als die Stühle, und die billigen hatten so hässliche Muster! Aber ich hatte Glück. Da waren einfarbige Sofakissen im Angebot, und so bin ich gut davongekommen.

Zum Essen waren die Stühle schön, aber zum »Relaxen« nicht. Es waren eben Garten-Esszimmer-Möbel! Also zog ich los, um Wohnzimmer-Garten-Sessel zu kaufen. Die gab es in allen Farben und Formen, aus Plastik, aus Holz und aus Metall. Auch die Preise waren ganz verschieden. Ich habe vier der preiswertesten genommen.

Nun hatten wir alles, meinte ich. Aber nein, wir brauchten Garten-Liegen, denn die Söhne und Töchter, die zu Besuch kamen, wollten sich im Garten sonnen. Also handelte es sich hier um Garten-Schlafzimmer-Möbel. Ich zog los und entdeckte, dass es auch Liegen in allen Formen, Farben und Preislagen gab. Die billigste mit einer hauchdünnen Auflage war im Sonderangebot. Ich kaufte zwei davon.

Nun besaßen wir neben der alten selbst gezimmerten Holzbank, zwei Esstische, acht Esstisch-Stühle, vier Sessel, zwei Liegen und 14 Polsterauflagen.

Jetzt dachte ich, dass wir mehr als genug Gartenmöbel hätten. Aber siehe, zu den Sesseln brauchte man einen niedrigen Garten-Kaffeetisch, einen Garten-Servierwagen und einen Gartenschirm. Wünschenswert wäre auch eine Hollywoodschaukel. Im Laufe der Zeit haben wir uns auch alles angeschafft, bis auf die Schaukel.

»Jetzt reicht's!«, sagte ich laut, aber es reichte nicht. Wir hatten das Garten-Wohnzimmer, das Garten-Esszimmer und das Garten-Schlafzimmer – aber wir brauchten Grillfeten-Möbel für den Garten. Biertisch-Sets und die Auflagen dazu. Ich kaufte zwei Sets, so hatten wir 16 Sitzgelegenheiten für unsere Grillfeten. Doch einen Grill hatten wir nicht. Ich zog wieder los und stellte fest, dass es Gartengrills auch in allen Farben und Formen und Preislagen gab.

Nach diesem Kauf besaßen wir neben der alten selbst gezimmerten Holzbank, zwei Esstische, acht Esstisch-Stühle, vier Sessel, zwei Liegen und 14 Polsterauflagen, einen Kaffeetisch, einen Servierwagen, einen Gartenschirm, zwei Biertische, vier Bierbänke, vier Bierbank-Polsterauflagen und einen Gartengrill.

Jetzt reichts!? Doch wir hatten immer noch nicht genug Möbel – denn wir hatten nicht an die Kinder gedacht. Und so mussten Kindertische und Kinderstühle und kleine Schirme usw. für sie gekauft werden.

Zum guten Schluss wurde uns klar, dass wir verschiedene Tischdecken und Geschirr brauchten. Zum Damen-Kaffee weißes Porzellan mit Rosendekor, zur Grillfete grobe Holzbretter und Tonkrüge, zur Kinderparty unzerbrechliches Metall- oder Plastikgeschirr. Dazu auch die passenden Garten-Tischdecken.

Also – summa summarum –, wir hatten ungefähr so viel Möbel und Geschirr im Garten wie im Haus. Der Unterschied zwischen Haus und Garten war sowieso minimal geworden, denn wir hatten nicht nur das Haus in den Garten, sondern den Garten in das Haus gebracht! Große Pflanzen standen überall: im Wohnzimmer, im Esszimmer, in der Diele, in der Küche und zuletzt sogar im Badezimmer!

Die nächste Frage aber war, wo wir diese Gartenmöbel im Winter alle abstellen konnten! Die Antwort – in der Garage – bedeutete, dass das Auto im Winter im Freien stehen musste – dass ich eigentlich einen Carport bauen müsste!

Bei den Gartenmöbeln tauchte ein weiteres Problem auf. Obgleich die Gartenstühle wetterfest waren, waren die Stuhlkissen und Auflagen es nicht! Im Gegenteil, da sie meistens mit Schaumgummi gefüllt waren, saugten sie das Regenwasser wie Schwämme auf! Mehrmals setzte sich ein Gast auf ein vermeintlich trockenes Kissen und nach einigen Minuten stellte er fest, dass er in einer Pfütze saß!!

Also mussten wir die Kissen – 24 + 4 Auflagen an der Zahl – hin- und herschleppen. Schien die liebe Sonne, legte ich sie alle draußen aus.

Tauchten dunkle Wolken am Horizont auf, musste ich sie zurück in die Garage oder ins Haus schleppen. Wir nannten diesen Wettkampf mit dem Regen die »Kissenschlacht«.

Aber die Schlacht verloren wir sehr oft. Denn es genügte ein kleiner Regenguss, und schon waren alle Kissen vollgesogen! Meine gute Frau legt sie dann in den Trockner oder hängt sie beim nächsten Sonnenstrahl auf die Wäscheleine.

Am liebsten aber sitzen meine Frau und ich auf unserer alten Holzbank. Dazu holt sie zwei alte Sofakissen aus dem Haus.

Von wegen gesund!

> »… alles, was entsteht, ist wert, dass es zugrunde geht;
> drum besser wär's, dass nichts entstünde!«
>
> Goethe

Als wir endlich unseren schönen Garten hatten, dachte ich: »Tu jetzt etwas für deine Gesundheit. Hock nicht im Haus, sondern geh in den Garten, leg dich ins Gras, riech die Blumen und die frische Luft, lass die Sonne dich wärmen und stärken. Dieses kleine Stück Natur – dieser Garten – gehört dir, da kannst du gesund und glücklich werden!«

Im afrikanischen Urwald hatte ich erlebt, wie menschenfeindlich und gefährlich die Natur sein kann. Nun hatten wir einen schönen Garten angelegt und meinten, damit alle feindlichen Elemente ausgeschlossen zu haben. Aber im Gegenteil! Wir hatten sie alle eingeschlossen! Sie waren alle da in unserem Garten!

Zum Beispiel unsere schönen Rosen! Für sie hatten wir den Boden richtig vorbereitet – Kuhmist und andere Düngemittel verwendet, und die Rosen dankten uns dafür, wuchsen und brachten wunderschöne Knospen hervor. Aber eines Tages – ich wollte meinen Augen nicht glauben – hatten die Rosenblätter dunkle Flecken mit Zackenrändern bekommen! Was war los? Ich wälzte das Gartenbuch und las: *»Sternrußtau: neben Mehltau und Rost die verbreitetste Blattkrankheit an Rosen. In den vergangenen zehn Jahren wurde der Erreger dieser Krankheit, der Pilz Diplocarpon rosae, außerdem durch die Witterung begünstigt und bereitet den Rosenliebhabern dadurch verstärkt Probleme.«*

Was dagegen tun? Da hieß es: *1.) andere Rosen pflanzen, 2.) die Rosen weiter auseinander pflanzen, 3.) andere Düngung vornehmen, 4.) alle stark zurückschneiden oder 5.) spritzen!* Nein! Chemikalien kommen in meinen Garten nicht!
»Versuch es mit Tabak-Sud!«, riet uns jemand. »Tabak ist Gift!«
Diese Idee gefiel mir gar nicht – besonders, dass Tabak Gift sein sollte. Meine gute Frau meinte: »Tabak ist Gift. Du willst kein Gift im Garten – also nicht mehr im Garten rauchen!«

Gott sei Dank gab es im Angebot ein umweltfreundliches Rosenspritzmittel. Das kaufte ich und spritzte. Es half! Wunderbar! Damit die Enkelkinder nicht an dieses Gift kämen, kaufte ich einen Garten-Medizinschrank und stellte die Flasche Rosenspritzmittel hinein.

Dann wurden die Nadelbäume befallen. Abgase waren es nicht, sondern Ungeziefer, von dem der Garten nur so wimmelte! Sitkafichtenläuse, Fichtengallenläuse, Wollläuse, Blattläuse, Spinnmilben, Schildläuse, Frostspanner! Dafür gab es verschiedene Spritzmittel. Vier weitere Flaschen Gift kamen in meinen Garten-Medizinschrank.

Bald waren auch die Obstbäume von einem schädlichen Pilz befallen. Dafür gab es im Angebot ein Spritzpulver, das auch gegen Fruchtfäule wirksam war. Also – noch eine Flasche Gift in meinen Garten-Medizinschrank.

Bald hatte ich einen ganzen Schrank voller Medikamente für unseren Garten. »Frau«, sagte ich, »ich glaube, ich schaffe mir statt einer grünen Gartenschürze einen weißen Arztkittel an!«

Hatte ich endlich, dank der umweltfreundlichen Medikamente, alle Pflanzen von Krankheiten befreit, hagelte es im Garten. »Ha, ha!«, lachte die Natur, »ich vernichte alles, so oder so!« Hagelte es nicht – dann gab es Frost, Dürre oder Überschwemmungen. Beim Gewitter wartete ich nur darauf, dass ein Blitz vom Himmel fiel und einen ganzen Obstbaum vernichtete. Im Garten gab es auch Zecken, die Tiere und Menschen überfallen und schreckliche Auswirkungen haben konnten.

Nur Gott, nicht die Natur, interessiert sich für den Einzelnen. Die Natur interessiert sich nur für die Art. Das habe ich immer gepredigt! Aber erst als Gärtner erfuhr ich, wie die Natur darauf aus ist, alles, was sie hervorgebracht hat, zu vernichten! Aber nicht nur die Pflanzen, sondern **ich** wurde durch den Garten krank? Rheuma, Hexenschüsse, blutige Hände, Bienen-, Wespen-, Ameisenstiche, Ausschläge usw. Ja, die Natur wollte auch **mich** vernichten!

»Gehst du heute in den Garten?«, fragte mich meine Frau.
»Nein, ich habe Angst davor.«
»Angst davor?«
»Ja, ich fühle mich im Garten bedroht!«

Feindesland

»Mein Mann tut keiner Fliege was!«, hat meine gute Frau von mir früher immer gesagt, und das stimmte! Denn, obgleich ich etwas cholerisch veranlagt bin und manchmal sage: »Den könnte ich umbringen!«, habe ich, bis ich ein Gärtner wurde, kein Lebewesen getötet! Aber in den zehn Jahren Gartenarbeit habe ich schon Tausende – ach, Millionen – von Feinden umgebracht!

Zum Beispiel: Hasen! Kurz vor Ostern besuchte mich mein Enkelsohn und schaute durchs Wohnzimmerfenster in den Garten. »Schau, Opa, da läuft der Osterhase!«

Früher hätte ich das possierliche Tier mit beobachtet und gesagt: »Bleiben wir ganz ruhig und schauen, was der liebe Osterhase macht! Wo er wohl seine Kiepe mit den bunten Eiern versteckt hat!«

Jetzt, als Gärtner, reagierte ich aber ganz anders! Ich ergriff einen Spazierstock, öffnete die Tür, ließ den Hund los und lief zornig hinter dem Kaninchen her! »Du frisst mir die Salatblätter nicht an!«, schrie ich.

»Wo ist der Opa?«, fragte meine gute Frau.

»Er versucht den Osterhasen totzuschlagen!«, sagte mein Enkel, und meine gute Frau lief hinter mir her, um das Schlimmste zu verhüten!

Ja, Hasen sind jetzt meine Feinde, denn sie begnügen sich nicht damit, draußen in der freien Natur Löwenzähne und andere Unkräuter zu fressen. Nein, meine zarten Salat-Pflänzchen schmecken ihnen viel besser, und wenn ich nicht auf der Hut bin, fressen sie mir alles, was ich mit so viel Mühe und Not gepflanzt habe, weg!

Aber nicht nur für die Hasen, auch für die Vögel sind unsere zarten Pflänzchen eine Delikatesse. Für gelbe Krokusblüten haben sie eine besondere Vorliebe. Kaum sind die ersten goldenen Frühlingsboten aufgeblüht, – wupps – verschwinden sie in den Bäuchen der Meisen und Spatzen!

»Sie fressen uns auch das Ungeziefer weg!«, behauptete meine gute Frau und pflanzte lila Krokus!

Aber nicht nur die zarten Pflänzchen, sogar die Samen schmeckten diesen gefiederten Raubrittern! »Ich habe vor 14 Tagen hier Maiskörner gesät. Warum gehen sie nicht auf?«, fragte ich meinen Schwiegersohn. »Die Stare werden sie schon herausgepickt haben!«, meinte er, und auf einmal verstand ich, warum die Bauern so verärgert darüber sind, dass so viele schwarze Verbrecher unter Naturschutz stehen! Ich könnte sie alle erschießen!

Nun waren die Vögel nicht nur im Frühjahr gegen mich! Nein – gerade im Sommer, wenn die Kirschen reif waren und ich meiner guten Frau sagte: »Morgen klettere ich in den Baum, pflücke uns Kirschen ab und esse mich an ihnen satt!«, saßen bereits zwei Stare oben auf der Baumspitze und hörten zu. Sie waren die Kundschafter, und gleich am nächsten Morgen, bevor ich den Baum bestieg, führten sie Hunderte ihrer Artgenossen heran, und innerhalb von einer Stunde hatten sie fast alle Kirschen aufgefressen und mir nur Tausende von Kernen unten auf dem Rasen gelassen!

»Man kann auch ein Netz über den Baum spannen«, sagte mir mein Schwiegersohn. Ich kaufte gleich eins – aber versuchen Sie mal ein 40 Quadratmeter großes Nylonnetz über einen 15 Meter hohen Baum zu spannen! Dazu braucht man einen Helikopter. Aber leider hatte der Schwiegersohn nur einen Trecker, aber keinen Helikopter, den er mir leihen konnte. Also – was tun? Versuchen vor den Vögeln die Kirschen zu holen, aber sie waren immer schneller als ich!

Vor vielen Jahren – als ich selber noch keinen Garten hatte – gab es in meiner Gemeinde eine liebe, alte Frau, die den schönsten Blumen-, Gemüse- und Obstgarten der Welt besaß. Sie lud mich öfter ein, sie zu besuchen, und schenkte mir die herrlichsten Blumen, Karotten und Kirschen. Als ich sie eines Tages wieder einmal besuchte, stand sie im Garten, umgeben von Dutzenden von Tauben, und streute Körner für sie aus. Es war ein Bild des Friedens!
»Was streuen Sie?«, fragte ich die liebe, alte Gärtnerin.
»Gift!«, sagte sie.

Viele Jahre später verstand ich die alte Dame und sang das Lied des österreichischen Kabarettisten Kreisler: »Gehn mer Tauben vergiften im Park!« Aber meine gute Frau sagte, so etwas käme bei uns niemals in Frage, denn es sei verboten, Tauben zu vergiften! Wer dieses Gesetz gemacht hat, hat bestimmt keinen Garten!

Also, ich war nicht mehr so vogelfreundlich, und das merkten die Vögel auch – denn öfter, wenn ich morgens aufstand, entdeckte ich, dass sie mein ganzes Auto beschissen hatten! Was sogar meine gute Frau nicht nett fand!

Aber auch dies genügte den Vögeln nicht! Unser guter Nachbar, der viele Vögel im Garten hat, ging unwissend zu nah an einem Busch vorbei, in dem eine Drossel ihre Eier ausbrütete! Und was tat das Biest? Sie und ihre Verwandten griffen den lieben Nachbarn an, pickten ihm auf den Schädel und trieben ihn ins Haus! Jetzt war es uns klar, wem der Garten eigentlich gehörte!

Nun, die Kaninchen und die Vögel sieht man – aber es gibt viele Tiere, die man nicht sieht – zum Beispiel die Maulwürfe –, die auch unter Artenschutz stehen!

Eines Abends entdeckte ich viele Erdhügel auf meinem schönen Rasen! Sofort dachte ich an die Enkelkinder, die einmal nach Dinosaurier-Knochen im Garten graben wollten – aber sie waren es nicht!

»Das sind Maulwürfe!«, sagte mein Nachbar.

»Und was tut man dagegen?«

»Manchmal hilft es, wenn man überall in den Rasen Bierflaschen mit dem Kopf nach unten steckt. Wenn der Wind bläst, dann vibrieren die Flaschen, und dieses Geräusch mögen Maulwürfe nicht.«

Also leerte ich mit seiner Hilfe einige Bierflaschen und pflanzte sie in den Rasen ein. Es sah schrecklich aus! Alle – außer den Maulwürfen – fanden es schrecklich!

Eine Bekannte erzählte mir, sie habe für 50 Euro eine elektrische Anti-Maulwurf-Anlage im Garten anbringen lassen – was sich sehr bewährt habe. »Nicht nur die Maulwürfe, sondern die Wühlmäuse bringen es fertig, ganze Bäume zu zerstören. Sie fressen die Wurzeln an«, erklärte sie mir. »Deswegen habe ich das viele Geld investiert!«

Während ich mir überlegte, wie ich einen elektrischen Stuhl für Maulwürfe billiger bauen könnte – zeigten mir meine Enkelkinder Bilderbücher, in denen ein Maulwurf als Gärtner sehr fleißig und possierlich arbeitete. Wer solche Bücher schrieb, sollte mir das Geld, das er daran verdient hat, für diesen »Elektrischen Stuhl für Maulwürfe« geben!

Es soll auch wunderbare Maulwurffallen geben, die man in den Garten setzen kann – und wenn man einen Maulwurf gefangen hat, kann man ihn im Wald oder auf dem Mond aussetzen.

Das Unheimliche an diesen Maulwürfen und Wühlmäusen ist, dass man sie nie sieht. »Sie kommen zu bestimmten Zeiten nach oben, wurde mir gesagt. »Man soll sich diese Zeiten merken und dann versuchen, sie zu fangen und in der freien Natur auszusetzen!«

Ich habe nie herausbekommen, wann die Maulwürfe auftauchten. Ich glaube aber, sie haben herausbekommen, wann ich auftauchte, und sind dann unten geblieben.

Irgendwo las ich auch, dass früher vornehme Damen Handschuhe aus Maulwurffell getragen haben. Aber heute haben Mode und Artenschützer kein Verständnis dafür! Nun hatte der liebe Gott mit mir Erbarmen oder die Maulwürfe hatten bereits alle Würmer in meinem Garten aufgefressen – ich weiß es nicht. Ich weiß nur, dass sie ihre Gänge so lange ausgebaut haben, bis sie aus meinem Garten heraus waren. »Deine Maulwürfe sind jetzt bei mir!«, sagte der Nachbar. »Du kannst sie ruhig behalten!«, sagte ich, »ich brauche sie nicht mehr!«

Was er mit denen gemacht hat, weiß nur der liebe Gott. Oder vielleicht sollten der liebe Gott und der Tierschutz-Verein es besser nicht wissen!

Nun habe ich bereits zugegeben, dass ich Millionen Lebewesen umgebracht habe. Das waren aber weder Hasen, noch Vögel, noch

Maulwürfe, sondern Insekten, an denen ich Massenmord begangen habe! Auf die über 800.000 Arten von Insekten will ich im Einzelnen nicht eingehen, sondern nur auf vier davon. Sie haben mir genügt! Ich rede von Ameisen, Blattläusen, Wespen und Stechmücken, die man im Garten hat.

Anfangs störten die Ameisen mich nicht. Was könnten die kleinen, fleißigen Tiere anrichten? In der Bibel werden sie gelobt. *»Gehe hin zur Ameise, du Fauler; siehe ihre Weise an und lerne!«,* hat der König Salomo geschrieben. Er hat aber bestimmt nicht 120 schwere Steinplatten gelegt, unter denen die kleinen, fleißigen Tiere ihre Nester bauten. Ich gebe zu, dass ich die Steine nicht so sehr genau gelegt habe, aber auch nicht so schief, wie sie nach acht Wochen Ameisenfleiß aussahen! Zu Millionen untergruben sie die Platten – das heißt, alles, was ich mit Ameisenfleiß baute, vernichteten sie fleißig!

Also Tod den Ameisen! Aber wie?

»Ich gieße kochendes Wasser in ihre Nester, das tötet ihre Eier, und so können sie sich nicht so vermehren!«, wurde mir gesagt.

Ich setzte also Kessel voll Wasser auf und trug sie zu den Ameisennestern, die leider 2400 Zentimeter vom Kochherd entfernt lagen. Bis ich dorthin kam und die schwere Platte aufgehoben hatte, war das Wasser nicht mehr kochend heiß, und so weiß ich nicht, ob diese Methode so wirksam war. Auch hatte ich weder Zeit noch Kraft für 120 Mal 120 Kessel mit heißem Wasser zu schleppen, 120 Mal die Platte aufzuheben und das Wasser darunterzugießen!

Einige Tausend habe ich schon umgebracht, aber was sind das unter Millionen?! Mein einziger Trost war, dass ich sagen konnte: »Dass die Platten unter der Pergola so schief liegen, daran sind die Ameisen schuld, nicht ich!«

Nachdem die fleißigen Tiere ein großes Stück des Gartens für sich besetzt hatten, kamen sie ins Haus, um Zucker und andere Speisen zu holen. »Mein Mann tut keiner Fliege was!«, sagte meine gute Frau – aber Ameisen drückte ich gerne auf dem Küchentisch tot! Auch wenn meine gute Frau dies nicht so appetitlich fand!

Nun die Blattläuse! Woher sie kamen, wussten wir nicht! Es hatte einige Tage geregnet, und als wir nachher in den Garten gingen, merkten wir, dass alle Blätter unserer Obstbäume damit übersät waren. In einer offiziellen Sonderausgabe zur BUGA las ich: »*Blattläuse, am meisten gefürchtete Schadinsekten. Sie stechen die Pflanzen an und saugen den Saft aus; dabei übertragen sie meist auch Virus-, Bakterien- und Pilzkrankheiten. Die Bekämpfung mit Insektiziden wirkt nur vorübergehend und kann einen Neubefall nicht verhindern, es sei denn, man wiederholt die Behandlung häufiger. Natürliche Feinde der Blattläuse sind u. a. Marienkäfer und Florfliegen.*«
Neben den Marienkäfern und Florfliegen gehöre auch ich zu den natürlichen Feinden der Blattläuse! Einige Millionen habe ich bereits ohne Gewissensbisse ins Jenseits befördert!!

Wespen kannte ich bereits aus der Großstadt. Wenn ich mir an einem heißen Tag ein Bier bestellt hatte, luden die Wespen sich gerne dazu ein und wurden sehr angriffslustig, wenn ich sie wegzuscheuchen versuchte. In dieser Zeit habe ich gelernt, dass Wespen gerne Bier trinken. Ich stelle jetzt fast leere Bierflaschen auf den Tisch und schaue zu, wie sie hineinkriechen, sich betrinken und sterben!
Dieses Horrorszenario findet meine gute Frau nicht so amüsant und ist ganz und gar dagegen, wenn ich beim Damen-Kaffee versuche, die Biester mit einer Fliegenklatsche neben der Käsetorte totzuschlagen.

»Bleib ganz ruhig sitzen – sie tun dir dann nichts!«, sagt meine gute Frau jedes Mal. Aber mir tun sie immer etwas!

»Nelken in Zitronensaft vertreiben sie auch!«, hieß es. Was manchmal tatsächlich half. Aber es half nicht gegen Stechfliegen, die uns nicht nur auf der Terrasse gerne aufsuchten, um uns das Blut auszusaugen, sondern abends ins Schlafzimmer kamen. Eins ist nett bei den Stechfliegen. Sie stoßen akustische Warnungen aus, bevor sie stechen. Aber gerade das machte mich noch verrückter – dieses Sum-Sum-Sum um den Kopf, während sie sich überlegten, welche von meinen Venen sie diesmal anzapfen wollten!

Nun, gegen sie gibt es auch akustische Mittel – sogar kleine Apparate, die man sich selber anstecken kann. Diese summen auch, und dieses Anders-Summen gefällt den Stechmücken nicht – so fliegen sie weg! Leider brauchten diese Geräte aber entweder eine leere Steckdose in der Nähe meines Körpers oder eine neue Batterie, weil die alte leer war, da ich vergessen hatte, das Gerät auszuschalten. Also war ich dauernd auf der Suche nach Steckdosen oder Läden, die um Mitternacht offen hatten und Mini-Batterien verkauften.

Aber was soll es! Wir wissen: Das Leben ist ein Existenzkampf, und irgendwann gelingt es der Natur, uns zu vernichten. Wenn ich abends mit meiner guten Frau im Garten sitze und ein Glas Wein leere, denke ich: Dieses Töten und Getötetwerden geht im Garten dauernd vor sich. Die Marienkäfer fressen die Blattläuse, die Vögel fressen die Käfer, die Katze frisst die Vögel, der Hund jagt die Katze – und ich? Ja, wie bereits gesagt wurde, ich tue keiner Fliege was!

Kinder-Garten

Als Friedrich Fröbel im Jahre 1840 seine Einrichtung zur Betreuung von Kleinkindern durch Spiel und Gemeinschaftspflege gründete, erfand er das Wort Kindergarten! Mit den Worten Kinder und Gärten verbindet man die schönsten Vorstellungen! In der freien Natur, auf grünem Rasen, zwischen Blumen und blühenden Bäumen, spielen und lachen Kinder miteinander und sind glücklich.

Meine gute Frau verbindet ihre schönsten Kindheitserinnerungen auch mit einem Garten. Ihr Großonkel war Pastor und hatte einen riesigen Pfarrgarten mit Blumen und Bäumen und sogar einem Bach, der da durchfloss. Wie viele schöne Spielstunden haben sie und ihr Bruder dort verbracht! Auch zu Hause hatten sie einen großen Garten, in dem sie sich stundenlang glücklich aufhalten konnten.

Ja, das war einmal! Solche Gärten und solche Kinder gibt es nicht mehr! Beide sind auslaufende Modelle.

Die Gärten sahen damals anders aus. Man zäunte die Gemüse- und Blumenbeete ein – wenn nicht gerade mit Stacheldraht, so doch mit kleinen Holzzäunen oder gar Steinmauern. Da hatten Kinder nichts zu suchen. Auch der Obstgarten hatte seine Umzäunung. Außerhalb dieser Bepflanzungen gab es auf dem Grundstück das Freiland, wo Schafe, Ziegen und Kinder alles, was wuchs, gebrauchen und vernichten durften.

Hatte man keinen großen Garten, pflanzte man ein paar Blumen vor und etwas Gemüse hinter dem Haus und ließ die Kinder auf einem Stück unbebauten Landes, einer unbelebten Straße oder im Wald spielen.

Heute geht das nicht mehr! Es gibt kaum unbebaute Plätze, unbelebte Straßen oder Wälder, wo Kinder ohne Aufsicht spielen können. So versucht man, alles auf einer 200 bis 400 Quadratmeter großen Fläche zu vereinen: hier Rasen, da ein Blumenbeet, dazwischen ein paar Obstbäume, dort ein kleiner Teich, nah am Haus der Grillplatz und irgendwo ein Sandkasten und ein Schaukelgestell für die Kinder! Auf jeden Fall hatten meine gute Frau und ich es uns so vorgestellt, denn die Kinder sollten sich bei uns im Garten wohlfühlen!

Bald aber stellte ich fest, dass kleine Kinder und ein Garten zusammenpassen wie die Faust aufs Auge! Denn Kinder und Gärten haben nur eins gemeinsam: den gegenseitigen Vernichtungsdrang!

Innerhalb von fünf Minuten können zwei Kinder einen Garten, den man in zwei Jahren harter Arbeit gepflanzt hat, zerstören. Aber auch umgekehrt kann der Garten in fünf Minuten zwei Kinder krankenhausreif machen!

Also, unbeobachtet dürfen Kinder nicht lange im Garten spielen. Wenn sie in den Garten gehen, warne ich sie: »Setzt euch nicht ins nasse Gras, spielt nicht zu nah am Teich! Nicht auf die Bäume klettern! Keine Werkzeuge aus dem Gartenhäuschen nehmen! Fasst den Goldregen und den Fingerhut nicht an! Passt auf, dass ihr keinen Sonnenstich bekommt usw. (Am besten gar nicht in den Garten gehen, sondern im Wohnzimmer fernsehen!)«

Aber sie gehorchen nicht! Sie sitzen doch im nassen Gras, erkälten sich und bleiben drei Tage im Bett.

Sie machen sich gerne Suppen und Salate aus Goldregen und Fingerhüten.

Arme, Beine und Schädel brechen sie sich, weil sie den Apfelbaum zu hoch hinaufklettern – gerade da, wo die Zweige sehr dünn sind.

Im Garten finden sie alle gefährlichen Gegenstände – Sensen, Beile, Spargelstecher usw., an denen sie sich schneiden können, oder sie treten auf einen Rechen und bekommen den Stiel ins Gesicht.

Wenn es im Garten irgendwo ein Loch gibt, treten sie hinein und verstauchen sich ihre Fußgelenke.

Wie oft fielen unsere Enkelkinder in den Teich? Und wie oft wollten sie den Deckel des 14 Meter tiefen Brunnens aufmachen!

Wie oft landeten Zweige, harte Birnen oder Steine, die sie hochgeschmissen hatten, auf ihren Köpfen und verursachten Gehirnerschütterungen!

Vögel pickten die Kinder am Kopf, wenn sie zu nah an ihre Brutstellen gegangen waren. Ein Kind war von einem süßen Eichhörnchen gebissen worden, weil beide die gleiche Haselnuss haben wollten.

Bienen und Wespen ärgerten sie, und es steht geschrieben, dass es Kreuzottern oder tollwütige Ratten im Garten geben kann.

Fröbel wusste es: Zum Kindergarten gehört eine Kindergärtnerin und einiges Personal. Für unseren Kinder-Garten hatten wir dies nicht!

Aber Kinder können, wie gesagt, auch den Garten vernichten. Wenn die Kinder im Garten spielten, sagte ich zu meiner guten Frau:

»Kannst du schnell nachschauen, was die Kinder da machen, und sagen, sie sollen sofort damit aufhören!«

Ja, sie kommen auf die tollsten Ideen! Zum Beispiel köpfen Jungen gerne Blumen. Dazu brauchen sie nur den Zweig, den sie vom Fliederbusch abgebrochen haben. Mädchen pflücken Mama oder Oma schöne Blümchen – am liebsten mit zwei Zentimeter langen Stielen. Meine Frau hatte für diese Sträuße statt Vasen eine Menge flacher Schalen parat.

Kauft man den Kindern ein Croquet-Spiel und erklärt ihnen die Regeln, finden sie es viel interessanter, mit den Schlägern und Bällen Golf, Polo oder gar Korbball zu spielen. Die Bälle landen dann in den Rosen, im Teich oder in den Nachbargärten. Um sie zu holen, brechen die Kinder dann die Nachbarhecken oder den Zaun durch. Langsam gibt es keine Bälle oder heile Schläger mehr. Nur die Croquet-Drahtbügel liegen überall im Gras, geraten in den Rasenmäher und machen ihn kaputt!

Man kann in einer Ecke des Gartens Spielgeräte aufstellen. Ich kaufte eins im Angebot. Die Kinder haben fünf Minuten darauf geschaukelt oder geklettert und dann festgestellt, dass es viel Interessanteres in Opas Garten gab, womit man sich die Zeit vertreiben konnte, zum Beispiel Kieselsteine sammeln und sie auf die Goldfische schmeißen.

Meine gute Frau verteidigte die Kinder immer. »Sei nicht so! Kinder müssen die Welt entdecken und sie verändern. Das gehört zum Erwachsenwerden!«

»Aber nicht auf Kosten meines Gartens!«

»Aber im Nachbargarten spielen auch Kinder!«

»Der Nachbar hat gerade seine Enkeltochter ausgeschimpft, weil sie seine Erdbeeren zertrampelte … «

»Gut, ich gebe zu, wir haben unseren Garten mehr für uns und weniger für die Kinder! Also nicht die Kinder, sondern wir haben die Schuld! Ich werde versuchen sie zur Mitarbeit im Garten zu bringen«, sagte sie, und öfter gelang es meiner Frau. Ich hörte zu, wie sie sagte: »Nein, das ist kein Unkraut – das lassen wir stehen – da ist etwas, das du ausreißen kannst.«

Dazu habe ich nicht die Nerven. Wenn die Kinder zu uns kommen, erzähle ich ihnen Geschichten, schaue mit ihnen Bücher an oder lasse sie an meinem Computer spielen. Aber im Garten? Da essen wir gerne Eis unter dem Kastanienbaum, und an heißen Tage lasse ich sie nackedei durch den Rasensprenger rennen. Aber allein dort spielen – das geht leider nicht.

Garten-Moden

»Die Damen sagen: ›Ich liebe Gärten‹, aber was meinen sie
eigentlich damit? Sie meinen nur, dass sie es lieben, zwischen
Reihen von Malven zu gehen, in Tüll gehüllt (das heißt, die
Spaziergängerinnen, nicht die Malven), und Limonade unter
einem Baum in Begleitung eines netten jungen Mannes zu
trinken, der ihnen nachher einen großen Rosenstrauß pflückt.«

Beverley Nichols

So ähnlich wie Herr Nichols hatte ich es mir auch vorgestellt:
Im Garten sitzen schöne Frauen in zart geblümten Kleidern oder
wandeln, mit einem Korb in der Hand, und schneiden graziös einige
erlesene Blüten ab, die sie nachher kunstvoll in einer Silbervase auf
dem Flügel arrangieren.

Die Wirklichkeit sieht aber anders aus. Meine gute Frau zieht eine
alte Hose, ein T-Shirt oder einen Pullover, dicke Gartenhandschuhe,

Holzpantoffeln und einen schmutzigen Kittel an, kniet vor dem Malvenbeet und reißt das Unkraut aus, das sie dann entweder auf den Komposthaufen oder zum Container bringt.

Also, im Garten bin ich nie einer Frau im langen Tüllkleid begegnet, denn gerade die Frauen machen meistens die Dreckarbeit. Wir Männer hantieren mit Rasenmäher und Heckenscheren, Grillofen oder Biertischen. Aber vor einem Blumenbeet richtig hinknien, es bepflanzen, pikieren oder säubern – das überlassen wir gerne unseren Frauen.

Es ist schon angebracht, alte Kleidung für diese Dreckarbeit im Garten anzuziehen, aber ich finde es doch problematisch, wenn unsere Frauen im Garten wie Vogelscheuchen gekleidet sind und nach Kuhmist statt Lavendel riechen. Wo bleibt die Garten-Romantik?

Also beschloss ich: Meine gute Frau soll ordentliche Gartenkleidung bekommen. Ich kaufte ihr ein schickes Landstil-Trägerkleid im Olivgrün-Ton, dazu passende Sandalen, einen großen Strohhut, eine Gärtnerinschürze mit vielen Taschen und Kniepolstern und geblümte Gartenhandschuhe.

»Ach, wie schön! Viel zu schön für die Arbeit, die ich heute zu verrichten habe!«, sagte sie und zog ihre alte Klamotten wieder an. Die Kniepolster-Schürze fand sie auch nicht so praktisch wie das alte Stück Schaumgummi, das sie immer vor sich herschob. Und da sie jeden Tag Dreckarbeit im Garten zu verrichten hatte, hingen die Kleider unbenutzt im Schrank.

Einmal war ein Damen-Kaffee im Garten angesagt, und ich dachte heimlich: »Jetzt das schöne, lange, geblümte Tüllkleid für sie kaufen! Jetzt sieht sie so schön aus wie die Rosen!«

»Ach, Mann, was hast du für ein wunderschönes und teures Kleid für mich gekauft! Ich wäre dann zu fein für unseren Damen-Kaffee!

Ich ziehe einen Rock und eine Bluse an!« So hing auch das Tüllkleid jahrelang im Schrank.

Nun brauchte ich als Mann auch Gartenkleidung und stellte fest, dass es sehr fesche Gartenkleidung für Männer gibt – Overalls, karierte Hemden, Sandalen, gestreifte Handschuhe usw. usw. Ich wollte nicht wie eine Vogelscheuche aussehen. Ich kaufte die Gartenkleidung und zog sie an. Da lachten die Nachbarn! »William, du siehst aus wie ein Männer-Boutique-Held! Zieh deine alten Klamotten oder überhaupt keine an! Schau, eine Mini-Hose oder Boxershorts genügen!«

Ja, wenn man einen Bodybuilder-Körper hätte, genügte nur ein Lendentuch – aber dazu bin ich viel zu dünn (manche Männer sind viel zu fett!). Abgesehen davon kann der Pastor niemanden, der schnell einen Rat braucht, in der Unterhose empfangen! Ich zog also eine alte Hose und ein altes Hemd im Garten an. Die schicke Gartenkleidung aus der Männer-Boutique blieb im Schrank!

Die einzigen schicken Gartenkleidungsstücke, die ich im Garten anziehe, sind Grillschürzen. Meine schönste ist eine mit der Arche Noah darauf. Ich habe auch eine im Butler-Look und eine mit den Worten »Hier grillt der Chef selber!« oder Ähnliches.

Ja, ja, unsere Schränke sind voll von teuren Kleidungsstücken, die wir für den Garten gekauft haben, aber nie im Garten tragen werden! Ja, im Garten trägt man Lumpen! Denn im Garten soll man aussehen wie eine Vogelscheuche! Das vertreibt die Krähen!

Wir ziehen um!

Anfang November wurde ich 65 Jahre alt, da kam meine Kündigung an! Kündigung? Das bedeutete, ich musste nach dem neuen Kirchengesetz in den Ruhestand treten! Ich war für 70 bis 75 Jahre vorprogrammiert und konnte und wollte mich nicht pensionieren lassen. Ich war so gerne Pfarrer – aber wer im Landeskirchenamt konnte sich vorstellen, dass es einen Pfarrer gab, der sich nicht auf den Ruhestand freute.

Wir Pfarrer haben Residenzpflicht: Wir müssen im gemieteten Pfarrhaus wohnen! Also, Haus mit Garten besitzen wir nicht und müssen nach der Pensionierung eine Bleibe suchen. Aber wo? Da meine Frau und ich und drei unserer Kinder mit dem Dorf schon fest verwurzelt waren, suchten wir hier eine neue Bleibe. Aber es gab keine.

»Es ist sicherlich für den Nachfolger besser, wenn wir weit wegziehen!«, meinten meine Frau und einige Kollegen – aber dann bekamen wir das Angebot des Jahrhunderts: ein wunderschönes Haus mit Garten im Neubaugebiet am Rande des Dorfes. Alles stimmte an dem Haus – bloß der Garten nicht! Während meine Frau schwärmte, wie schön, stabil und praktisch das Haus gebaut und angelegt sei, und während uns versichert wurde, dass wir nirgends so preiswert und schön wohnen könnten, schaute ich aus dem Fenster in den etwa 500 Quadratmeter großen Garten! Garten?! Er bestand aus einer großen Rasenfläche, drei kleinen Obstbäumen und einem Sandkasten.

»Die Kinder spielen so gerne draußen!«, erklärte der jetzige Bewohner, »darum haben wir praktisch nichts an dem Garten gemacht. Aber als Rentner-Ehepaar werden Sie sicherlich viel Zeit und Freude an seiner Gestaltung haben!«

Ich hätte ihn totschlagen können! Später, beim Unterschreiben sagte der Vermieter: »Ich freue mich, dass Sie den Garten gestalten wollen. Es hat mir immer leidgetan, dass außer Büschen, die wir auf das Grundstück gepflanzt haben, kaum ein Baum, geschweige denn ein Blumenbeet angelegt worden ist.«

Ja, da hatten wir es: eine 500 Quadratmeter Garten-Grundlage!!!

»Und die Erde war wüst und leer; und es war finster in der Tiefe meines Herzens!« Aber mit dieser neuen Bibelübersetzung kam ich bei meiner Frau nicht an. Sie war der Meinung, dass ich gerade als Rentner den Garten bräuchte. Und meine sonst liebevolle Tochter in London schickte uns eine Garten-Fibel, in der es von Tausenden von Gestaltungsmöglichkeiten mit praktischen Anleitungen nur so wimmelte! Terrassen, Pergolen, Teiche, Grillplätze, Gewürzgärten usw. waren abgebildet – und alles für viel Geld und Arbeit zu haben!

Kurz danach wurde ich krank. Ich hatte mir einen doppelten Leistenbruch geholt – aber leider nicht bei der Gartenarbeit, sondern beim Heben der schweren Kirchenbänke. Das Schlimmste dabei war aber, dass ich danach nicht nur nichts Schweres mehr heben, sondern auch nicht mehr rauchen sollte!

»Sie können so viel rauchen, wie Sie wollen«, sagte der Arzt, »aber Sie husten dann zu viel, und das wird Ihnen wehtun und alles aufreißen.«

Also, ich rauchte und hustete nicht mehr. Nach einigen Monaten meinte ich, dass ich mir eine Zigarette wieder leisten dürfte – aber sie hat mir gar nicht geschmeckt! So wurde ich zum passionierten Nichtraucher, der überall verkündigt, dass man in meiner Gegenwart nicht rauchen darf, weil das für mich und meine Umgebung (Mitmenschen, Vorhänge, Polstermöbel usw.) schädlich wäre!

»Das habe ich dir immer gesagt!«, sagte meine gute Frau. Aber welcher Ehemann hört in solchen Fällen auf seine Frau?

Anfang Juli konnten wir umziehen, das heißt mit der Gartenarbeit anfangen!

»Einige Pflanzen dürfen wir mitnehmen!«, meinte meine Frau, »aber einige – besonders die Rosen – lass ich für unseren Nachfolger!«

»Ob er oder sie überhaupt einen Garten will?«, fragte ich.

Kurz danach teilte mir die Landeskirche mit, dass ich vor allem das Gartenhäuschen und den Teich mitnehmen müsste. Denn vielleicht hatte der Nachfolger kleine Kinder, die im Teich ertrinken konnten, oder er wollte gerade Kartoffeln da anpflanzen, wo unser Gartenhäuschen stand.

Das Gartenhäuschen wollte mein guter Schwiegersohn, der Landwirt, abtransportieren. Aber es bestand aus einem solch billigen Baumaterial, und ich hatte es so fest zusammengenagelt und geschraubt, dass man es nur in seine Bestandteile zerlegen – sprich zu Brennholz schlagen – konnte, was also bald geschah!

Mit dem Teich war es auch schwierig. Die Fische mussten wir fangen, das Wasser und die Seerosen herausnehmen, die Folie austrocknen lassen **und** ein neues Loch im neuen Garten dafür graben!

Da bot mein guter Landwirt-Schwiegersohn an, das Loch für mich zu graben – denn laut Arzt sollte ich nicht so viel Erde heben. Er kam ein paar Tage danach mit seinem Spaten an und fragte, wo und wie groß. Ich zeigte ihm alles und fuhr in die Stadt, um eine neue Pumpe zu kaufen. Es hatte dort länger gedauert, als ich gerechnet hatte. Nach drei Stunden kehrte ich nach Hause zurück und fand den Schwiegersohn, meine Tochter und meine Frau beim Kaffeetrinken.

»Und der Teich?«, fragte ich verzweifelt.

»Das Loch hat dein Schwiegersohn in zwei Stunden ausgegraben, und es ist auch waagrecht!«, jubilierte meine Frau.

Ich habe den jungen Mann immer geschätzt, aber diesmal hätte ich ihn umarmen und küssen können! Gleich danach kam ein Sohn mit der getrockneten und weich gewordenen Folie, und bald danach kamen Teicherde, Pflanzen, Pumpe und Goldfische hinein. »Wir haben unseren Teich wieder, lieber Mann!« Ja, ich freute mich auch darüber.

»Nun aber müssen wir …«

»Ich weiß, liebe Frau, Grund in den Garten bekommen, Erde hin und her schleppen, Blumenbeete anlegen …«

»Ja, ja, aber zunächst wollen wir ein paar Bäume und Büsche pflanzen. Ich habe so schöne Gestaltungsmöglichkeiten in dem neuen Gartenbuch gefunden. Wir legen uns einen englischen Garten an!«

Da die Engländer meistens nicht so fleißig wie die Deutschen sind, schöpfte ich die Hoffnung, dass wir bald einen pflegeleichten Wald- und Wiesengarten haben würden. Aber so ist der englische Garten nicht! Viele meinten, wir sollten Tannen nehmen – weil sie im Herbst keine Blätter verlieren, die man dann zusammenfegen muss. Aber meine gute Frau meinte, dass unter Tannen nichts wachse, und ich war und bin immer noch der Meinung, dass Tannenbäume auf Berge oder in die Weihnachtsstube gehören – aber nicht in den Garten!

Wir kauften einige Obstbäume und »retteten« über 20 Birken, Eschen und Ahorne, die im alten Pfarrgarten oder am Ackerrain sich selbst versamt hatten, und die niemand mehr dort haben wollte.

Als wir fleißig dabei waren, den alten Garten in den neuen Garten zu verpflanzen, kam ein Landwirt an und fragte, ob wir vielleicht Interesse an einem großen – über fünf Meter hohen – Kastanienbaum hätten. Er müsste ihn fällen, würde aber versuchen, ihn für mich auszugraben. Ich war damit sehr einverstanden.

Zwei Tage später rückte er mit Trecker und Baum an.
»Es tut mir leid, Herr Pastor«, sagte er, »aber ich habe die Hauptwurzel durchschneiden müssen. Der Baum wird bald sterben. Brauchen Sie Brennholz?«

Ich brauchte kein Brennholz, schaute aber den Baum an. Er sah so groß und stark aus und taugte nur noch zu Brennholz. Auf einmal fühlte ich mich mit diesem Baum verwandt. Auch ich taugte nur noch zu Brennholz, auf einer Bank zu sitzen und zu warten, bis der Tod mich holte.

Meine Frau merkte, was in mir vorging und sagte: »Den Baum brauchen wir unbedingt! Setzen wir ihn hier in diese Ecke des Gartens und lassen Schlinggewächse an ihm emporklettern. Dann haben wir etwas Großes und Starkes im Garten!«

Wir haben das zum Tode verurteilte Ungeheuer tatsächlich eingesetzt. »Nun sei nicht so deprimiert!«, sagte meine gute Frau. »Aufgaben gibt es genug für dich. Sie hatte recht, denn bald stand »i. R.« hinter meinem Namen nicht für »in Ruhestand«, sondern für »in Reichweite«! Ich hatte bald als Rentner keine freie Zeit mehr!

Meine Kinder haben mich überredet, einen Computer zu kaufen und mir geholfen, damit fertigzuwerden. So konnte ich schreiben, schreiben, schreiben: Andachten für die Zeitungen, Theaterstücke für unseren Theaterkreis, Briefe, Vorträge – und dieses Buch!

Aber meine gute Frau meinte, ich sollte und müsste an die frische Luft gehen, sprich Gartenarbeit machen.

Ihr zuliebe bin ich dann in den Garten gegangen, und da erlebte ich ein Wunder Gottes! Der Kastanienbaum hatte Wurzeln geschlagen, wuchs, gedieh, trug neue Blätter, ja, blühte!

Der Kastanienbaum hat es geschafft, und ich werde es auch schaffen!

Wie gern habe ich diesen Baum! Ich rede öfter mit ihm und denke, wenn ich längst tot bin, wird er hier noch wachsen und gedeihen – und vielleicht erinnert sich jemand daran und sagt: »Der alte Pastor hat ihn gepflanzt!«

Freie Platzwahl

Nun war ich Rentner bzw. Pensionär. Aber ruhig auf einer Gartenbank sitzen und auf meinen monatlichen Rentenscheck warten, wollte ich nicht. Weil meine Frau neben dem Orgeldienst viele Ehrenämter hatte, beschloss ich, ihr im Haushalt zu helfen. Auf Anraten meiner Söhne lernte ich kochen – denn Lust auf putzen, bügeln und dergleichen hatte ich gar nicht. Das Kochen ging am Anfang ganz schnell. »Raus aus der Kühltruhe – hinein in die Mikrowelle!«, hieß es.

Als Koch konnte ich nun entscheiden, wo gegessen wird. Früher fand ich es nicht standesgemäß, in der Küche zu essen – als Koch aber ganz praktisch. Und so wurde die Küche zu einer kleinen Wohnküche umgebaut, ans Fenster kamen ein kleiner Tisch und drei Stühle. Die Entfernung vom Herd betrug 50 Zentimeter. Etwa 280 Zentimeter weiter war im Wohnzimmer der große schwarze Esstisch, wo wir sonntags, und wenn mehrere Gäste erwartet wurden, speisen konnten.

Nun wollten und sollten wir auch draußen essen. Unsere Terrasse war 530 Zentimeter vom Herd entfernt. Also keine langen Wege zum Frühstück im Freien. Man konnte gleich auf der Terrasse decken und servieren. Die große, leere Gartenfläche hinter dem Haus sollte, so dachte ich, unsere Ökowiese werden, auf der Igel und Hase und manch Waldvögelein sich wohlfühlen könnten. Meine Frau wälzte aber bereits das verflixte englische Gartenbuch und schwärmte beim Essen nicht über das, was ich für sie aus der Dose gezaubert hatte, sondern über die wunderbaren Gestaltungsmöglichkeiten dieses Hinterlandes – sprich Gartens.

Die Terrasse war schön auf der Südseite des Hauses gelegen, was den Vorteil hatte, dass man den ganzen Tag Sonne genoss, aber den Nachteil, dass sie nur 250 Zentimeter vom Nachbarzaun und 450 Zentimeter von der Straße lag. Ein weiteres Problem aber war der Westwind, der unsere Terrasse in einen Windkanal verwandelte.
»Es ist ziemlich windig hier!«, sagte meine gute Frau und ergänzte gleich darauf noch: »Bauen wir da unten im Garten einen kleinen Essplatz!«
    Ich wählte die Nordseite des Gartens und beschloss, hier eine Pergola – wie sie im Gartenbuch gezeigt wurde – mit Öffnung nach Süden anzulegen. Ich zog zum Garten-Center, wo – wie immer – Sonderangebote auf mich warteten. Es gab eine handgeschnitzte Pergola für 1500 Euro und eine ganz einfache, kleine für 150 Euro. Ich entschied mich für vier davon, 4 x 150 Euro, und drei Tage später lagen 16 imprägnierte, telefonstangenähnliche Pfosten und etwa 50 verschieden kleine Holzstücke im Garten. So bestand meine Gartenarbeit zunächst daraus, 16 Löcher zu graben und die Telefonstangen einzusetzen – was ich vergeblich alleine zu machen versuchte, sodass meine gute Frau mir half, und wozu letztlich sich der gute Nachbar zu Hilfe meldete.

»Die Pergolen müssen bewachsen sein – und dazu nehmen wir Knöterich!«, meinte meine gute Frau. »Der wächst zwei Zentimeter die Stunde!« Ich beeilte mich im Wettkampf mit dem Knöterich, Querstangen an Hinterwand und Dach der Pergola zu nageln. Was mir gelang, denn gar so schnell wuchs dieses Urkraut doch nicht. Woher meine gute Frau ihre Weisheit hatte, weiß ich nicht, denn meiner Rechnung nach hätte zwei Zentimeter Wachstum pro Stunde 48 Zentimeter pro Tag oder etwas mehr als 17 Kilometer Knöterich pro Jahr ergeben! Ganz so schnell ging es nicht, aber am Ende des Sommers war das Gestänge – sprich Pergola – überwachsen.

Dort konnten wir herrlich zu Mittag essen und hatten einen schönen Blick in den Garten. Nur war dieser neue Essplatz 2879 Zentimeter von meinem Herd entfernt, sodass ich mich über jeden Tag sehr freute, an dem es zu kalt, zu regnerisch, zu heiß oder zu windig war, um dort zu essen!
»Wir können auch unter deinem Kastanienbaum essen«, meinte meine gute Frau. Der lag aber 2647 Zentimeter vom Herd entfernt.
»Oder am Teich!« Der lag nur 1523 Zentimeter vom Herd weg.
Am Teich war aber keine Pergola. Aus Pfosten, unzähligen Dachlatten und mit viel Gefluche bastelte ich eine kleine Gartenlaube, die im Laufe der Jahre, dank der starken Knöterichstämme, fest verwurzelte. Hinein kamen eine lauschige Bank und ein kleiner Tisch mit Blick zum Teich. Ein neuer Essplatz war entstanden!

In der Zwischenzeit hatte meine gute, fleißige Frau alle Brennnesseln und Unkräuter aus dem Gelände entfernt und schöne Blumenbeete, Obstbäume, Sträucher und dergleichen gepflanzt – sodass es sich nun lohnte, im Garten zwischen duftenden Blumen und Bäumen zu essen.
Dies bedeutete allerdings, um im Sommer den schönen Garten zu genießen, mussten wir Hunderte Kilo Gemüse, Fleisch, Kaffee,

Kuchen, Brot, Butter, Salz, Pfeffer, Saft, Gläser, Teller, Besteck, Servietten, Tischdecken usw. usw. einige Hunderte von Kilometern hin und her schleppen. Ach, wie ich mir den Winter lobte, wo der Weg vom Herd zum Teller nur 50 Zentimeter betrug!

Die Pergolen hatten aber einen großen Nachteil der Terrasse gegenüber: Sie besaßen keinen festen Boden, auf den man Stühle und Tische ordentlich stellen konnte. Alles stand wackelig oder sank während der Mahlzeit tief in den Boden. »Wir müssen Stein- oder Holzböden legen!«, meinte meine gute Frau.

Ich ging wieder einkaufen. Es gab Sonderangebote: Holzfliesen und Waschbeton-Platten. Ich kaufte von jedem einiges und fing an, sie zu legen! Ach du liebe Zeit! Jede Platte hatte vier Seiten, und keine der vier Seiten lag in der gleichen Höhe wie die vier Seiten der nächstliegenden! Ich wurde langsam verzweifelt. Der gute Nachbar zeigte mir, wie man das mit Sand bzw. weicher Erde machte, legte zwölf Platten richtig und überließ die Restarbeit dem alten Rentner.

Es waren also insgesamt an die 200 Holz- und Steinplatten zu legen – wobei meine Hände und Fingernägel, ganz zu schweigen von meinem Rücken und meiner Geduld, in die Brüche zu gehen drohten. Ich rief in der Not den Herrn an – worüber alle, außer meiner guten Frau, sich sehr amüsierten. Sie brachte mir Kaffee und Bier, und wenn ich einmal kochen ging, legte sie zwei oder drei Platten herrlich gerade.

Meine Gartenarbeit bestand also eigentlich nur aus Bauen. So sagten die Nachbarn: »Der William arbeitet wieder im Garten! Er hat schon Säge und Hammer in der Hand!«

Im Laufe der Jahre legten wir nicht weniger als sechs Garten-Ess-plätze an – von denen jeder seine Vor- und Nachteile hatte.

Neulich saßen meine Frau und ich unter dem allerliebsten Kasta-nienbaum, aßen und stellten fest, was alles noch im Garten zu ma-chen wäre. Da sagte meine gute Frau: »Bill, ist unser Garten nicht schön – so viele gemütliche Essplätze!«
»Ja!«, sagte ich, »aber manchmal, wenn ich hier sitze und auf die vielen leeren Tische schaue, komme ich mir vor wie in einem schlecht besuchten Gartenlokal.«

Tief gebohrt

Es regnete und regnete und regnete. Die Garten-Grillfeten, die Freilicht-Theateraufführungen, die Pferderitte und Spaziergänge ins Grüne, sogar der Pfingst-Gottesdienst im Freien – alles fiel buchstäblich ins Wasser. Worüber alle Griller, Reiter, Schauspieler, Pastoren und sonstigen Ortsbewohner untröstlich waren. Nur eine freute sich. Meine Frau!

»Schau«, sagte sie, »wie unser Garten sich erholt! So einen Regen hatten wir dringend nötig! Hoffentlich regnet es auch morgen!«

Zum Glück hat sie dies nur zu mir gesagt, denn nur einer, der sie sehr liebt, konnte so ein menschenfeindliches Verhalten ertragen.

Ja, der Regen war gut für den Garten – was kümmerten uns die Menschen?!

Doch am nächsten Tag regnete es nicht mehr, und auch nicht die folgenden zwei Wochen lang. Alle im Dorf freuten sich – nur meine gute Frau nicht. »Ach, unser Garten vertrocknet! Alle jungen Pflanzen gehen ein, das Gras wird braun!« So jammerte sie, aber es blieb nicht beim Jammern. Nein, sie fing an zu gießen: mit der Gießkanne und mit dem Schlauch. Sie goss und goss, und unsere Wasseruhr drehte und drehte sich wie verrückt.

»Dieses Gießen wird zu teuer!«, sagte ich.

»Da hast du recht, Bill!«, sagte sie, »graben wir einen Brunnen! Viele Leute hier haben einen eigenen Brunnen, und der Nachbar sagte, dass es nicht so viel kostete jemanden zu bestellen, der ihn bohrt.«

»Jemanden bestellen« – dies bedeutete wohl Unkosten, aber ich war damit nicht gemeint. Jemand anders würde es machen! Ich willigte also ein und saß bald mit anderen Gartenbesitzern zusammen, die auch entschlossen waren, im Garten einen Brunnen anzulegen.

»Wir fangen bei dir an, William!«, sagten sie. Ich war nicht sicher, warum gerade bei mir. Wollten sie sehen, ob es sich überhaupt lohnt, bevor sie selber investierten? Oder dachten sie nur an mein hohes Alter, und dass ich vielleicht nicht so lange etwas von dem Brunnen haben könnte? Egal – wir fingen bei mir an!

Der Brunnenbohrer wurde bestellt – ein alter erfahrener Mann, der nicht mit Wünschelruten arbeitete. Der Nachbar war ein frommer Katholik, er glaubte an Mariä-Himmelfahrt, aber nicht an Wünschelruten! Ich, als evangelischer Pastor, war wie er, sicher, dass Maria beim lieben Gott war und dass Wünschelruten nicht ernst zu nehmen sind. Aber an welche Stelle der Brunnen hinkommen müsste, war mir auch nicht klar.

Schließlich kam der alte Mann aber nicht, sondern sein Sohn: mit einem 30 Meter langen Schlauch und einer Bohrmaschine, die mit einem Benzinmotor getrieben wurde, falls man nicht am Haus, sondern weit vom Stromkreis bohren musste.

»Wo haben Sie Wasser, und wo hätten Sie gerne den Brunnen?«

»Hier – hinterm Haus!«, sagte meine Frau und verschwand in die Küche, um Brote zu streichen. Denn in der Zwischenzeit waren eine ganze Menge Schaulustiger in unserem Garten erschienen, die nicht nur Neugier, sondern bestimmt Hunger und Durst mitgebracht hatten.

»Was kann ich machen?«, fragte ich.

»G.m.b.h.!«, sagte er, was heißt: »Geh mal Bier holen!« Was ich tat. Als ich zurückkam, lief schon der Benzinmotor und das Wasser aus der Leitung. Zwei Nachbarn waren schon angestellt, Ablaufgullys zu graben – für das Wasser, das mit Erde und später Sand nach oben gespült wurde.

Meine Frau kam mit den Broten, und neben dem Wasser aus dem Loch floss auch das Bier.

»Wir sind jetzt bei fünf Metern, bei sieben Metern, bei neun Metern!«, sagte der Brunnenbohrer, »aber noch nicht auf eine Wasserader gestoßen.«

»Vierzehn Meter muss man gehen!«, meinte er, aber bei elf Metern trafen wir auf einen Felsen, aus dem aber nicht wie bei Mose Wasser sprang (2. Mose 25 ff.).

»Es hat keinen Sinn, hier weiterzubohren!«, meinte der Brunnenbohrer und versuchte, seinen Schlauch herauszuziehen. Leider hatte der Bohrer sich am Ende festgehakt, sodass es einige Stunden dauerte, bis man weiterbohren konnte.

Diese Zeit wurde mit Belegte-Brote-Essen und Biertrinken überbrückt, dann ging es weiter. In der Zwischenzeit hatten einige Nachbarn schon überlegt, ob sie wirklich einen Brunnen brauchten.

Nun ging das Bohren, Wasser-, Erde-, Sand- und Kiesspülen weiter! »Kies! Bei zwölf Metern – bald sind wir am Ziel!«, hieß es. Gerade als die Sonne untergehen wollte, traf der gute Brunnenbohrer auf eine Wasserader! Wie eine Fontäne spritzte das Wasser nach oben. Kaltes, kostenloses Grundwasser für den Garten! Schnell wurden ein paar Sektkorken gezogen, und die Nachbarn zogen ihre Zweifel zurück: Es lohnte sich doch, einen Brunnen anzulegen!

Ich und meine gute Frau waren überglücklich! Nun konnte die Sonne immer scheinen – den Regen brauchten wir nicht mehr! »Gottes Brunnen haben Wasser in Fülle!«

»Wir brauchen nun acht Ringe«, sagte der Nachbar.

»Ich hole sie gleich!«, sagte ich zu ihm. »Aus Gummi? Wie viel Millimeter?«

Er schaute mich an. »William! Wir brauchen keine Dichtungsringe, sondern acht Zementringe – 100 Zentimeter Durchmesser und 80 Zentimeter hoch! Das Wasser liegt 14 Meter unter der Oberfläche. Es steigt von selber etwa acht Meter hoch! Bestell deinem Schwiegersohn, er soll mit einem Trecker und Wagen kommen – denn es gibt eine ganze Menge Erde, die weggebracht werden muss!«

»Und wer gräbt diesen Schacht aus?«

»Wir werden sehen«, sagte der Nachbar und ging zum Abendessen.

Ich überlegte nicht lange. Mein Schwiegersohn – der Landwirt – hatte den Teich in zwei Stunden ausgegraben, er wird diesen Brunnenschacht in »null Komma nichts« schaffen!

Er wurde bestellt, aber es ging nicht – dafür hatte er viel zu breite Schultern! Er musste in den Ringen stehen, um da unten zu graben – aber er war eben viel zu breit gebaut.

»Wir brauchen schlanke Menschen!«, sagte der Nachbar.

Bis dahin war ich sehr froh und stolz gewesen, dass ich so ein schlankes Reh war. Jetzt wünschte ich, ich wäre ein fettes Schwein! Doch alle hatten Erbarmen mit dem alten Mann. Ich sollte nur die Erde wegschaffen, andere würden für mich graben. So fingen sie an – die guten Nachbarn. Ring 1 ging schnell – Ring 2 wurde daraufgesetzt, und jeder Nachbar hatte jetzt Mühe, da drinnen zu graben. Viele waren zu breit gebaut.

Nun war ich der Verzweiflung nahe, da kam ein anderer Schwiegersohn vorbei, der für Brunnenschachtgraben prädestiniert war!

Er war 1,60 groß, schlank und sehr kräftig! Was noch wichtiger
war – er war willig! So ging die Arbeit schnell voran. Ringe 3, 4, 5, 6
waren schon unten – da ging die Sonne unter.

Nun kam der Sonntag! Am Sonntag durfte man nicht graben! Oder?
Jesus hatte gesagt: »*Der Sabbath ist für den Menschen gemacht – nicht
der Mensch für den Sabbath.*« Er hat auch gesagt: »*Wer von euch,
wenn sein Ochs in eine Grube gefallen ist – ihn nicht an einem Sabbath
herausholen möchte?*«

Also, mit einigen zweifelhaften Bibel-Zitaten haben wir den
englischen Schwiegersohn in die Grube hinuntergelassen, wo er
blieb, bis der achte Ring unten war. Zum Glück war meine gute Frau
beim Orgelspielen und Kindergottesdienst und hat diese Sabbath-
Entehrung nicht erlebt.

Die Vollendung des Brunnenschachts wurde groß gefeiert, wobei
mein Schwiegersohn gleich eingeladen wurde, in den Nachbargärten
an den kommenden Wochenenden eine ähnliche Dienstleistung
zu vollbringen. Er meinte aber, er hätte am nächsten Wochenende
Verabredungen in London – was niemand ihm glaubte, aber jeder
verstand.

Dann besorgte ich eine Pumpe, die im Angebot, aber leider nicht
die richtige war und deswegen zurückgebracht werden musste. Zum
Glück gab es aber auch die richtige Pumpe im Sonderangebot – das
heißt, ich habe die letzte davon bekommen, worüber einige andere
Pumpen suchende Kunden sehr böse auf mich waren, sodass ich
schnell das Geschäft ohne die nötigen Anschlussrohre verlassen
musste.

»Wir brauchen ein Anschlussrohr mit Außengewinde 44 Millimeter«, erklärte mir der Nachbar, der die Pumpe anschließen sollte. Ich fragte überall – aber kein Geschäft konnte mit einem Maß von 44 Millimetern etwas anfangen – bis ich herausbekam, dass dies 1¼ Zoll hieß!

Während ich eine Woche lang wie ein Huhn ohne Kopf hin und her rannte, um alles zu besorgen, musste meine Frau die Blumen gießen – mit Wasser aus einer Regentonne oder aus der Leitung, was sehr teuer und eine Verschwendung des Trinkwasservorrates Niedersachsens war.

Schließlich wurde die Pumpe herabgelassen und angeschlossen, aber es kam kein Wasser. Ein alter Bauer, der als Schaulustiger dazugekommen war, sagte: »Herr Pastor, da kriegen Sie kein Wasser. Das war nur ein kleines Wasserloch, keine Wasserader. Das habe ich sehr oft erlebt – man freut sich, Wasser gefunden zu haben, aber es versiegt ganz schnell. Ich glaube, Sie können das Loch zumachen – die Arbeit war umsonst.« Mit diesen ermutigenden Worten verließ er mich, und ich überlegte allein, wie wir das Loch im Garten und in unserem Bankkonto stopfen sollten.

»Wasser zieht das Wasser hoch. Das Problem ist, dass wir nicht schnell genug Wasser nachgießen können«, sagte der Nachbar.

Es war Zeit zum Abendessen – da kam mein englischer Schwiegersohn an. Während ich das Abendessen vorbereitete, verschwand er in der Tiefe mit einem Schlauch. Ich weiß nicht genau, was er machte, aber als ich zum Abendessen rief, da stand meine gute Frau mit dem Schlauch in der Hand und goss die Blumen.

»Nicht zu viel Leitungswasser!«, schrie ich.

»Gottes Brunnen haben Wasser in Fülle!«, sagte sie und zeigte auf meinen Schwiegersohn, der gerade aus dem Brunnenschacht stieg und lachte.

»Ich wollte das alles nicht umsonst ausgegraben haben!«, sagte er. »So habe ich den Schlauch von der Hauswasserleitung mit hinunter- genommen und damit Wasser in das Rohr gejagt, bis der Druck da war.« So einen Schwiegersohn muss man haben!

Als wir abends dann im Garten Wein tranken, kam ein Nachbar herüber. »Mit dem Wasser kannst du die Blumen nicht gießen!«, sagte er. »Es ist viel zu kalt und viel zu bleihaltig!«

Ich hätte ihn gleich in den Brunnenschacht schmeißen können und den Deckel zumachen, aber meine gute Frau schenkte ihm ein Glas Wein ein und überzeugte ihn, dass sie längst alle diese Fragen geklärt habe. Ich hatte den leisen Verdacht, er war nur zu faul, selber einen Brunnen zu graben, und suchte nach Gründen dafür, es nicht zu tun.

Unser Brunnen läuft schon drei Jahre lang. »Regnen braucht es überhaupt nicht mehr!«, jubilierte ich.

»Doch, lieber Bill«, sagte meine gute Frau, »wir brauchen Grund- wasser! Sonst läuft er nicht. Es muss regnen – und ich habe gehört, es gibt bald einen großen Regen. Darüber freuen sich alle Bauern und Brunnenbesitzer!«

Ja, Gott muss den Brunnen immer auffüllen, dachte ich – und stand, wie einst meine Frau, am Fenster und freute mich als Brunnenbesitzer über das Drei-Tage-Regenwetter.

Himmlische Stille

Einen Garten kann man mit allen fünf Sinnen genießen! Da gibt es viel zu sehen, zu riechen, anzufassen, zu schmecken und nicht zuletzt zu hören. Man freut sich auf das Summen der Bienen, das Zwitschern der Vögel, das Plantschen der Bäche usw. Ja, so habe ich früher auch gedacht – aber es ist oft ganz anders.

Es war ein wunderschöner Frühsommermorgen – nicht zu heiß, nicht zu kühl, blauer Himmel, Windstille! Ich stand früh auf und deckte den Frühstückstisch im Garten. Dann rief ich meine Frau mit einem Vers aus der Bibel:

> »Stehe auf, meine Freundin, meine Schöne, und komm her!
> Denn siehe, der Winter ist vergangen, der Regen ist weg
> und dahin; die Blumen sind hervorgekommen, und die
> Turteltaube lässt sich hören in unserem Lande!«

Meine Frau kam zum Tisch und freute sich mit mir. »Nun ist endlich der Winter vorbei, auch der Regen ist weg und dahin«, sagte sie, »die Blumen sind hervorgekommen …«

»… Und der Rasenmäher des Nachbarn lässt sich hören in unserem Lande!«, sagte ich. Denn mit einem Benzinmotor, der immer an- und ausging, schnitt er sein Gras. Wir flüchteten zur anderen Ecke des Gartens – aber da war eine elektrische Heckenschere zu Gange.

So kann es einem am frühen Morgen gehen.

In der Mittagszeit fuhren die Kinder mit ihren Tretautos und Treckern auf der Straße. Die Zeit der stillen Gummiräder war vorbei. Die Plastikräder kratzten wie Kreide auf der Schwarztafel – rrrrratschhhh!

Und nachmittags? Da rauscht die Schreddermaschine beim Nachbarn, der einen Haufen abgeschnittener Zweige zu verkleinern hat – oder die Kreissäge des anderen Nachbarn, der sein Kaminholz zurechtschneiden will. Ist er damit fertig, dann spaltet er das Holz mit einem Beil – wozu ich eine Spalt-Tablette nehmen muss!

Zu diesen spezifischen Gartengeräuschen kommen die Betonmischmaschine und das Hämmern der Nachbarn, die ihr Wohnhaus, Terrasse, Garage, Gartenhäuschen, Pergola, o. Ä. erweitern bzw. erstellen wollen. Gibt es nichts mehr zu bauen in der Umgebung, gibt es doch Autos zu waschen, wobei man selbstverständlich das Autoradio anmacht, und zwar so laut, dass man die Nachrichten über dem Plantschen des Wassers noch gut hören kann.

Und abends? In seinem berühmten Lied »Der Mond ist aufgegangen« sagt Matthias Claudius: »*Wie ist die Welt so stille und in der Dämmerung Hülle so traulich und so hold, als eine stille Kammer, wo ihr des Tages Jammer verschlafen und vergessen sollt.*«

Ja, das mag einmal gewesen sein, aber jetzt ist nach Mondaufgang die Welt im Garten nicht mehr so stille! Da hört man nicht die Grillen, sondern die Grillfeten! Da gibt es nebenan nicht nur das

Lachen und Reden der Gäste, sondern die laute Musik dazu. Man zieht sich zurück ins Haus und macht alle Fenster zu.

»Kuckuck, kuckuck, ruft's aus dem Wald!« hieß es früher. Nun ruft es »Kuckuck, kuckuck« aus dem Autoradio des Freundes der Nachbarstochter, der sie gerade zur Disco abholen will. Leider ist sie mit ihrer Toilette nicht ganz fertig, sodass der Boyfriend noch eine Viertelstunde warten muss, wobei er sich auf die Disco vorbereitet, indem er Disco-Musik im Autoradio hört!

Von meiner guten Frau bekomme ich wenig Mitleid. »Wir machen auch Krach! Du mit deinem Rasenmäher und dem Hämmern …«
»Ja, aber nicht gerade abends!«
»Die Leute sind nicht in Pension – wie wir! Sie müssen jede Zeit ausnutzen, um die Gartenarbeit zu verrichten!«
    Ja, meine gute Frau hat wie immer ganz recht, aber die Tatsache bleibt. Zum Garten gehören eine ganze Reihe geräuschmachender Werkzeuge und Tätigkeiten, die das gemütliche Sitzen im Garten oft unmöglich machen. Draußen hört man alles viel deutlicher als hinter geschlossenen Fenstern und Türen. Zum Beispiel auch den Lautsprecher vom Sportplatz – der aus 500 Meter Entfernung den Zuschauern und Gartenbesitzern ständig mitteilt, wer den Ball jetzt hat oder nicht mehr hat, welcher Spieler ausgetauscht wird und was es preiswert zu essen und zu trinken gibt. In den Pausen gibt es keine Ankündigungen, dafür aber Unterhaltungs-Musik!!

Ja, draußen kann es sehr laut sein. Bekannte von uns haben im vergangenen Winter ein sehr schönes Haus mit einem großen Garten preiswert erworben. Als sie im Frühling in den Garten gehen wollten, merkten sie, warum das Haus so preiswert war. Hinter der Riesenhecke war auf der einen Seite die Autobahn, auf der anderen Seite die

Eisenbahn. Vor lauter Biep-biep-biep und Tuut-tuut-tuut konnten sie es im Garten nicht aushalten. So blieben sie im stillen Wohnzimmer hinter dicken Doppelfenstern sitzen und schauten in den lauten Garten. »Uns fehlen nur die Düsenflugzeuge«, sagten sie, »aber Gott sei Dank fliegen sie nicht direkt über unser Haus! Den Ärger haben die Nachbarn fünf Straßen weiter.«

Eines Abend saßen meine Frau und ich im Garten, und es war wirklich still um uns. Auf einmal hörten wir die Nachtigall schlagen. Da zitierte meine Frau den Satz aus einem Eichendorff-Gedicht: *»… die Nachtigallen schlagen hier in der Einsamkeit, als wollten sie was sagen von der schönen alten Zeit«*

Ja, vielleicht etwas, aber viel können sie uns von der schönen alten Zeit nicht sagen, denn es ist heutzutage im Garten viel zu laut!

Grüne Bilanz: Ach, wie schön?!

»Ach, wie schön einen Garten zu haben!«, sagen die Leute. »Da hat man Gemüse und Obst und Blumen in Fülle und braucht sie nicht mehr zu kaufen! Und so ein schöner Teich mit einem drolligen, Wasser speienden Frosch und Goldfische, die sich vermehren. Solche Goldfische habe ich im Zoo-Geschäft für teures Geld angeboten gesehen! Und das süße Gartenhäuschen mit Terrasse, wo man, wenn das Gras so taunass oder kalt ist, mit trockenen und warmen Füßen sitzen kann. Hier kann man gewiss wunderbare Grillabende und Gartenfeten veranstalten, und warum Ferien in fremden Ländern machen, wo man betrogen und bestohlen wird, wenn man so einen Platz in der Sonne hat wie ihr!«

Ja, ja – schön wär's! Aber ich könnte ein anderes Lied davon singen, was ich hiermit tun will.

Zuerst das Obst und das Gemüse. Freilich, wir ernten manchen Herbst zentnerweise Äpfel und Birnen. Aber haben Sie schon einmal Zentner von Äpfeln und Birnen gepflückt?! Nicht nur gepflückt, sondern sie in Kisten getan und in den Keller geschleppt, wo viele verfaulen, weil man nicht so viel davon so schnell essen kann! Oder haben Sie zentnerweise Apfelmus und Birnenkompott eingemacht? Was das kostet – zuerst die Töpfe dafür anzuschaffen und dann den Strom für das Einkochen. Danach muss man die Gläser irgendwo hinschleppen und aufbewahren. Dazu muss man Regale kaufen oder bauen.

Zur Herstellung eines Gartens braucht man,
ohne Mobiliar und Dekoration, Folgendes:

Euro*	Euro*
Schaufel. 29,95	Schneckenkorngranulat 10,95
Gärtnerspaten 39,95	Zierpflanzenspray 12,95
Grubber 9,95	Rosenspritzmittel 9,95
Blumenzwiebel-Pflanzer . . 9,50	Streuwagen 44,95
Blumenrechen 5,95	Bittersalz. 6,95
Kleinjäter 5,95	Kalk 6,95
Krümmerjäter 20,95	Kalkstickstoff. 14,95
Blumenkralle 3,95	Pflanzenhumus 12,50
Fächerbesen 16,95	Naturtorf. 7,95
Doppelhacker. 13,90	Blumenerde (50 l) 5,95
Kultivator 13,95	Rasendünger. 14,95
Rechen 14,50	Blaukorn 19,95
Kompostgabel 34,95	Rosendünger 9,95
Laubbesen. 18,95	Guano-Dünger. 25,95
Heurechen 9,95	Pferdemist. 00,00
Elektr. Heckenschere . . . 139,00	Gerätehaus 498,00
Astschere 59,95	Gewächshaus 579,00
Gartenschere 29,95	Gartenpumpe. 239,00
Rosenschere 12,95	Teichfolie (18 qm) 270,00
Raupenschere. 17,95	Springbrunnenpumpe 179,00

Gärtnermesser.......... 24,95	Gartenschlauch (30 m) .. 29,00
Sense 12,95	Schlauchwagen......... 49,00
Bügelsäge 14,95	Rasentrimmer 79,00
Wetzstein 2,95	Elektro-Rasenlüfter.... 158,00
Sackkarre 79,00	Steinplatten (qm)....... 40,00
Gartenschubkarre....... 45,00	Blumenkästen ab........ 3,95
Beil...................27,95	Blumentöpfe ab 0,25
Häcksler 198,00	Hauswasserwerk 289,00
Rasenmäher........... 379,00	Zementringe ab 30,00
Durchwurfgitter 39,95	Pflanzstäbchen ab 1,00
Kompostsilo........... 29,95	Regenmesser........... 2,95
Damengartenhandschuhe 3,45	Bodentest-Kit 29,95
Herrengartenhandschuhe 3,95	10 Kasten Bier......... 500,00
Vertikutierer 449,00	Allzweckleiter 169,00

*Unverbindliche Preisempfehlung

Ach ja – es gibt auch Kirschen, die die Vögel alle wegpicken. Und gerade wenn die Pflaumen und Äpfel in Ihrem Garten reif sind, gibt es sie überall für ganz billiges Geld zu haben!

Mit dem Gemüse ist es auch nicht viel anders. Darüber freuen sich die Vögel und die Schnecken und die Hasen. Hat man all die zarten Pflanzen mit Netzen und Vogelschrecks und Gift und harter Arbeit geschützt, dann stellt man fest, dass sie in der Erntezeit spottbillig zu kaufen sind!

Nein, es wird in der EU so viel produziert, und unsere Bauern leben davon, dass sie Obst und Gemüse kultivieren und verkaufen. Soll ich mit ihnen konkurrieren, indem ich das alles anpflanze und an Nachbarn und Verwandte kostenlos verteile?!

Mit den Blumen ist es auch so. Meine gute Frau ist der Meinung, dass Blumen in den Garten gehören. Neulich, als ich eine besonders schöne Rose für mein Büro abschnitt, war sie traurig, weil sie gerade einigen Damen die schöne Blüte in unserem Garten zeigen wollte. Infolgedessen sind die Blumen im Haus meistens gekaufte Blumen!

Man darf nicht vergessen, dass Blumensamen und Zwiebeln und Pflanzen auch viel Geld kosten – so viel wie eine Packung Zigaretten –, und wenn man die Düngemittel und Pestizide dazurechnet – abgesehen von der Arbeit –, kann man nicht mehr von »geschenkt« reden!

Und der schöne Rasen. Der Rasenmäher und das Benzin fallen auch nicht vom Himmel! Und wenn der Mäher kaputt ist, rechnet der, der ihn repariert, 40 Euro die Stunde. Für die vielen Stunden, die ich mit Rasenmähen verbringe, bekomme ich gar nichts. Und was kostet es, einen Rasen grün zu halten, wenn es 14 Tage nicht geregnet hat!

Und wenn der Rasen grün wird, dann ist Moos dazwischen gewachsen, und man muss ihn »vertikutieren«, was auch viel Geld kosten kann! Und dann ist meine gute Frau ständig dabei, mit einem Spargelstecher die Löwenzähne aus dem Rasen zu stechen. Tut man Gänse oder Schafe darauf, um ihn kurz zu halten, rutscht man auf ihrem Kot aus und kann nicht mehr darauf gehen!

Und der Teich. Er ist voller Goldfische, aber wer nimmt sie uns ab? Geschenkt wollen die Leute sie nicht einmal haben, genau wie die Seerosen, die nach zwei Jahren so wuchern, dass die Fische keinen Platz mehr im Teich haben.

Und im Winter muss man durch den Schnee stapfen und ein Loch ins Eis schlagen, damit die Fische nicht krepieren! Und hat man es getan, dann heißt es im Frühjahr, das hätte man nicht tun sollen, denn gerade deswegen haben alle Fische den Winter nicht überlebt!

Und hat man im Herbst (wie es im Buch hieß) die Pumpe aus dem Teich ausgebaut, liest man im Frühjahr in einem anderen Buch, dass man sie hätte drin lassen sollen und immer laufen lassen, damit unten ungefrorenes Wasser für die Fische bleibt.

Und um nicht immer alles in das Haus und wieder in den Garten schleppen zu müssen, braucht man zweimal Kaffee und Marmelade usw. Und dann, wenn man gerade draußen Kaffee trinken will, ist gerade der Kaffee im Häuschen alle, und weil die Geschäfte zu haben, holt man den Kaffee oben aus der Küche, und dann abends, wenn man oben eine Tasse machen will, muss man ihn im Regen mit einer Taschenlampe von draußen wieder ins Haus holen!

Und die schönsten Grillpartys! Wenn das Wetter zufällig an einem Abend gut ist und man im Garten grillen will, dann kommen die Kinder mit einem Haufen Freunde an und feiern. Dann flieht man vor der lauten Rockmusik ins oberste Stockwerk und macht kein Fenster auf, weil es sonst zu laut wird. Aber bei geschlossenen Fenstern kann man im Sommer nicht gut schlafen.
»Muss es ein Garten sein?! Wäre nicht eine Wiese ebenso gut.«
»Findest du es besser, wenn du im Hause sitzt und fett und steif wirst?«, fragt meine Frau. »Ein Garten ist ein Hobby, und jedes Hobby kostet Zeit und Kraft und Geld. Gartenarbeit ist gesund, und du hast Teil an der Schöpfung Gottes.«
»Schöpfung?! Du nennst es Schöpfung – ich Erschöpfung!«

Neulich tranken wir Kaffee auf unserer Terrasse, da kam ein junger Mann, braun gebrannt, in teurer weißer Tenniskleidung, um zu fragen, ob ich ihn trauen könnte. »Meine Verlobte hat mir erzählt, wie schön Ihr Garten ist. Sie will auch so einen anlegen, auch mit Teich und Gartenhäuschen, aber ich spiele lieber Tennis«, sagte er.

»Sie sollten auf Ihre Verlobte hören«, sagte ich. »Freilich, dies alles kostet Geld und Arbeit – aber wie wird man dafür belohnt! Es ist für einen Mann eine notwendige Herausforderung, aus einer Wüstenei ein Stück heile Welt zu schaffen. Wenn ich hinter dem Rasenmäher gehe und das frische Gras und die Blumen rieche, wenn ich am Teich sitze und sehe, wie eine Seerose sich öffnet und wie darunter die Fische spielen, dann denke ich, ich habe das alles geschaffen und komme mir wie der liebe Gott vor. Und was ist schöner, als im Garten zu frühstücken und abends ein Glas Kirschwein zu genießen, den man selbst hergestellt hat! Es gibt eine alte chinesische Weisheit: Willst du für ein Jahr glücklich sein – heirate! Willst du für dein Leben glücklich sein – pflanze einen Garten!«

Der junge Mann stand mit gesenktem Kopf da. »Ich danke Ihnen, Herr Pastor, dass Sie mir das alles gesagt haben. So habe ich das bis jetzt nicht gesehen.« Und er ging nachdenklich davon.

Als er weg war, sagte mir meine Frau: »Ach, du ahnst nicht, wie glücklich du mich jetzt gemacht hast! Ich war immer der Meinung, dass du, genau wie ich, den Garten brauchtest. Denn gerade ein Mensch wie du, der so viel denkt und schreibt, braucht eine körperliche Betätigung. Aber manchmal hatte ich doch Angst, dass ich dich überfordert hätte; und nun höre ich, dass die Gartenarbeit dir doch viel gegeben hat. Dass du unseren Garten liebst!«

»Ach was!«, sagte ich. »Als er von seinem Tennis und seiner Verlobten erzählte, habe ich bloß gedacht: Warum soll er es besser haben als ich?! Darum habe ich so geredet.«

»So!«, sagte meine Frau. »Du bist wirklich gegen Gärten und schreibst sogar darüber ein Buch, in dem du mich zu einer Xanthippe machst! Damit ist Schluss! Ab sofort brauchst du nicht mehr im Garten mitzuarbeiten! Da ist ein Stuhl. Du kannst ihn unter den Kastanienbaum stellen und so lange darauf sitzen, wie du willst. Aber sonst hast du nichts mehr im Garten zu suchen. Ich schaffe alles ohne dich!«

»Nein«, sagte ich, »das geht nicht! Ich lasse dich nicht an meine Salvien, die gerade so gut aufgegangen sind! Und die Fische freuen sich, wenn gerade **ich** sie füttere. Und jetzt, da wir einen neuen Rasenmäher haben, der das Gras zerkleinert, sodass man nicht mehr zwanzigmal den Fangkorb leeren muss, sollst du das Rasenmähen übernehmen? Nein! Du kannst nicht zwischen allen Beeten mähen – du mähst alle Rosen nieder! Aber abgesehen davon, möchte ich nicht nur da unterm Baum sitzen – vor allem nicht allein! Ich stelle zwei Stühle hin, und da ruhen wir uns nach unserer Gartenarbeit zusammen aus!«

»Ach, mein lieber Bill!«, sagte sie, lachte, gab mir einen Kuss und eine kleine Hacke in die Hand, und dann gingen wir zusammen an die Arbeit.

Manchmal, wenn ich im Garten arbeite, frage ich mich, ob es im Himmel wirklich keinen Garten, sondern nur eine Stadt geben soll? Ich glaube, Gott liebt auch Gärten.

Bei Beerdigungen singen wir oft:

»Paradies, wie ist deine Frucht so süß! Unter deinen Lebensbäumen wird uns sein, als ob wir träumen. Bring uns, Herr, ins Paradies!«

Ja, seitdem ich den Garten habe, kann ich mir die Ewigkeit ohne Gras und Blumen und meinen Kastanienbaum, unter dem die zwei Stühle stehen, gar nicht mehr vorstellen!

Register

Ameisen 66

Apfelbäume 13

Blattläuse 67

Blumen 102

Blumenerde 25

Boden 12, 26

Boden umgraben 25

Bodenprobe 27

Brennnesseln 14

Brunnen bohren 88

Dünger 14, 100

Erde 25

Frühbeet 30

Gartengeräte 100

Gartenhaus 43

Gartenkleidung 74

Gartenmöbel 53

Gartenteich 33, 102

Gartenteich, Pflanzen 40

Gartenteich, Tiere 40

Gemüse 29, 101

Goldfische 40

Hasen 61

Humus 25

Insekten 66

Kinder 69

Kirschen 62

Kompost 28

Kosten 100

Kuhmist 14

Lärm 95

Mähen, Rasen 17

Maulwürfe 64

Mist 14

Moos, Rasen 102

Nutzgarten 30

Obst 101

Obstbäume 12

Obstbäume, Pilz 60

Pergola 84

Pflanzenkrankheiten 58

Rasen 102

Rasenmäher 18

Rosen, Sternrußtau 59

Säen 31

Schnee 9

Seerosen 40

Spritzmittel 59

Sternrußtau 59

Teich 33, 102

Teich, Pflanzen 40

Teich, Tiere 40

Teichfolie 36

Terrasse 84

Tomaten 29

Torf 25

Unkraut 14

Vögel 62

Werkzeuge 100

Wespen 67

Winteräpfel 13

Ziergarten 13

Umschlaggestaltung von eStudio Calamar, Girona/Spanien, unter Verwendung einer Illustration von Susanne Straßer, München.

Unser gesamtes lieferbares Programm und viele
weitere Informationen zu unseren Büchern,
Spielen, Experimentierkästen, DVDs, Autoren und
Aktivitäten finden Sie unter **www.kosmos.de**

Gedruckt auf chlorfrei gebleichtem Papier.

ISBN 978-3-440-12994-4
Projektleitung: Carolin Küßner
Redaktion: Claudia Schuller, Carolin Küßner
Gestaltungskonzept: Populärgrafik, Stuttgart
Satz: Walter Typografie und Grafik, Würzburg
Produktion: Jürgen Bischoff, Ralf Paucke
Printed in Slovkia / Imprimé en Slovaquie

Der kleine Schneckenschreck Das bringt die Schnecke um die Ecke

Suter/Graber-Suter
Der kleine Schneckenschreck

112 S., 67 Abb., €/D 7,95
ISBN 978-3-440-11826-9

Das bringt die Schnecke um die Ecke.

Hinterlistige Schleimer? Lernen Sie Ihren Gegenspieler kennen und legen Sie mit wenigen und gekonnten Tricks einen Garten der unglücklichen Schnecken an. Unsere Anti-Schnecken-strategie mit Schnecken-Check – die häufigsten Schneckenarten sowie Schneckenfeinde liebevoll pflegen oder Tipps für die nächtliche Schnecken-jagd. Der kleine amüsante Ratgeber hilft auf natürliche Weise mit fundiertem Gartenrat.

KOSMOS

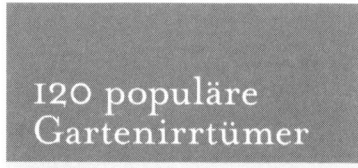

Wolfgang Hensel
**120 populäre
Gartenirrtümer**

160 S., 50 Abb., €/D 12,95
ISBN 978-3-440-12689-9

**Ein unterhaltsames
und amüsantes Buch**

Torf verbessert den Boden? Tulpen stammen aus Holland? Rindenmulch ist gut für den Garten und preiswert? Schwertlilien gehören zu den Zwiebel- und Knollenpflanzen? Biologische Spritzmittel sind unbedenklich? Nein. Diese und viele andere Irrtümer tummeln sich munter weiter unter Gartenfreunden. Begleiten Sie Wolfgang Hensel auf seinem Gartenrundgang voller Überraschungen. Schmunzeln Sie über alte Vorurteile und staunen Sie darüber, wie hartnäckig sich manche vermeintlichen Weisheiten halten.